JN093093

リーダーとして
覚えておいてほしいこと

野村克也
Katsuya Nomura

PHP

序にかえて

組織はリーダーの力量以上には伸びない――私は繰り返しそう語り、自らもその覚悟をもってチームの指揮を揮(ふる)ってきた。

私はこれまでプロ４球団で監督を務め、人は名監督と言ってくれる。

選手兼任監督時代を含め、通算24年３２０４試合１５６５勝１５６３敗76引分。

その実、選手指導に思い悩み、人には言えぬ眠れぬ夜がどれだけあったことか。

野球の硬式球の赤い縫い目は百八ある。人間の煩悩の数と同じだ。

１回表から９回裏。攻めがあれば守りもある。

だが、ピンチはあっても、チャンスが必ずやってくると信じて采配を揮ったのだ。

「野村克也－野球＝０」。野球は私にとって、仕事であり人生そのものである。

だから色紙に座右の銘を頼まれると、こう書くことにしている。

「野球（しごと）に学び　野球（しごと）を楽しむ」

野球しか知らない私だが、野球に学ぼうとする意欲は誰にも負けないと自負している。その学びから私なりのリーダー論をまとめてみた。

僭越（せんえつ）ながら、野球以外のリーダーの方も、「これは知っておいたほうがいいのでは」と思ったことをつづったつもりである。

「財を遺すは下、事業を遺すは中、人を遺すを上とする」。中国の格言だ。

リーダーの責任はとてつもなく重い。それと同時に、これほどやりがいのある仕事もない。

目次

リーダーとして覚えておいてほしいこと

第一章 リーダーの心得と思想

第二章　人を育て、人を活かす

第三章　組織と戦略

本書に掲載した成績・記録は、２０１９年現在のものです。

第一章

リーダーの心得と思想

人間は何のために生きているかを考えよ

私は「打撃の神様」と崇められた巨人・川上哲治「選手」に憧れ、日本一9連覇の大金字塔を樹立した川上哲治「監督」を尊敬し、目標にして精進した。川上さんは名前を、選手時代は「てつじ」と読ませ、監督時代は「てつはる」と読ませた。

捕手として川上監督に仕えた森昌彦が西武監督就任時、「祇晶」（まさあき）と改名したのも川上監督の影響だろう。

森と交友関係があったから、こと細かに「逆取材」した。

「川上監督ってどんなミーティングをするんだ？　とくに何について うるさく言うんだ？」

「ミーティングで野球のことは一切言わないよ。技術のことは、各担当コーチに任せているから。内容は、人間教育、社会教育、人生論。そういうことばかりだよ」

正直、私は面食らったし、にわかに信じられなかった。

川上監督は現役引退後に「禅」と出会った。岐阜県の正眼寺（しょうげんじ）を訪れ座禅を組んだという。禅語をかみしめながら野球道を切り開いた。「禅球一致」の哲学があった。

王貞治と長嶋茂雄の存在価値は野球の数字だけではない。彼らはチームの鑑であった。故障をしていても、その日しか球場に見に来られないファンのために全試合出場を自らに課していた。おごり高ぶるところもない。そういう人間教育を施したのは、紛れもなく川上監督だ。

私が著した『野村ノート』は、実は川上監督を手本としたもので、内容は「人間教育＋野球技術のマニュアル」で構成されている。

私がヤクルト監督に就任した90年当時、選手が記した「野村監督ミーティング」の1ページ目には、こう書いてあったそうだ。

「耳順（人の言うことを逆らわずに素直に聞く＝『論語』）の気持ちを持って、ミーティングに出てほしい」「君たちは、何のために生きているのか？」（野村監督の話より）。

ミーティングの内容として、「技術編」を初めて話したのが2月11日。つまり春のキャンプ最初の10日間は「野球の話」はしていない。「野球を通しての人間教育」の話だ。プロ野球選手の一つの区切りは35歳。野球を辞めてからの人生のほうが、はるかに長いのである。

「挨拶をする」「時間を守る」のは一番小さな約束事。そんな最低限の「決まり事」を守れない人間が、野球技術の向上のための「決まり事」を守れるはずがない。「人間的成長」なしに、「技術的進歩」はないのだ。

人間はなぜ生まれてくるのか。「生きるため」、そして「存在するため」である。これは「価値観と存在感」と言いかえられる。この二つは、どちらも他人が決めることだ。従って、他人の評価こそが正しいということになる。

「部長先生や監督は、野球はまったくの素人。とにかく生徒の人間性を磨き、練習は生徒の自主性に任せた」。最近でこそ少なくなったが、そんな学校が、少し前まで甲子園大会によく出てきた。まず大切なのは「人間力を磨く」「人は、人のために生きる」ことではないか。

「人」という漢字は象形文字で、2人で支え合っている。1人では生きていけない。人間は「人の間」と書く。人と人の間で生きるのが人間であり、円滑な人間関係は重要である。

川上哲治（かわかみ・てつはる）一塁手
●（20年生まれ）熊本工高→38年巨人（～58年）
●1979試合　2351安打　打率・313　181本塁打
●MVP3回、首位打者5回、本塁打王2回、打点王3回、ベストナイン10回ほか
●監督成績　61～74年巨人（リーグ優勝11回、日本一11回）通算1066勝739敗

指導者の「5条件」と「5タイプ」

野球人である限り、それぞれ自分の「野球観」を持っている。それが正しいこともあれば、間違っていることもある。指導者は試行錯誤しながら、それを軌道修正していく。

監督やコーチ、指導者に必要とされる5条件がある。

1. 野球（チーム、選手）を愛している。
2. 自分の信念を曲げない。
3. 個人的感情に左右されず、選手を起用する。
4. 自分が得た理論を粘り強く選手に反復させる。
5. これでよいと妥協しない。

その条件を前提とした上で、監督は性格や指導の手法によって、5タイプに分かれる。これは、どのタイプがいいとか否かではない。

わかりやすいように、かつての名だたる監督を挙げた。

1. 「管理」して選手を動かす　＝川上哲治、広岡達朗。
2. 「納得」させて選手を動かす＝川上哲治、水原茂、森祇晶、落合博満、野村克也。
3. 「情感」で選手を動かす　＝川上哲治、三原脩、西本幸雄、星野仙一。
4. 「報酬」で選手を動かす　＝川上哲治、鶴岡一人。
5. 「実績」で選手を動かす　＝川上哲治、長嶋茂雄、王貞治。

さて、立場が180度異なるわけだから、選手と監督の「要求」も常に相反する。

【選手から監督への要求】

1. 能力を評価してほしい。
2. 自分に求めるものを教えてほしい。
3. 結果が出なくても、過程を認めてほしい。
4. ライバルより評価が低い理由を教えてほしい。

5. 自分の意見への評価を教えてほしい。

【監督から選手への要求】

1. 自主性を持ってほしい。
2. その試合が持つ意味を理解してほしい。
3. 監督が何をしてほしいか自覚してほしい。
4. 野球は勝つことが仕事だと認識してほしい。
5. ファンが要求する何かにこたえてほしい。

指導者には「条件」や「タイプ」があるし、立場が異なる指導者と部下の「要求」も正反対だ。指導者がそれぞれを把握しておけば、部下への指示も円滑に進む。

「信用」はしても「信頼」はしない

リーダーが選手を育てるには、まず選手を「信じる」ことから始めないといけない。「信じる」ことによって、選手のモチベーションを触発して、奮起させるのだ。

「信じる」には、「信用」と「信頼」がある。

「信用」は文字通り、信じて用いること。

「信頼」は信じて頼ることだが、任せっぱなしにするというニュアンスもある。

同様のことを「経営の神様」と呼ばれた松下幸之助さんが言われていたそうだ。

「任せて任せず」。

その仕事を一番好きな人に任せるのが、好結果が出る場合が多い気がする。

だが、任せっぱなしにしてはいけない。しっかり見ていて、「このままではまずい」と思ったらしかるべき策をとらなければならない。いずれにせよ、最後は経営者がすべての責任を持つ覚悟で臨まなければならない。

しかしこの「任せて任せず」のバランスが難しいと思う方もいるだろう。どこまで選手に任せて口出ししないか、大事故が起こる前に口出しするか。

ここでは、口出しをしなかったことが奏功したときの話をしよう。

飯田哲也（ヤクルトほか）は捕手から中堅（センター）にコンバートした91年から7年連続ゴールデングラブ賞を獲得。

92年日本シリーズ第7戦、7回表二死一・二塁。中堅・飯田は、打席が九番・投手の石井丈裕ということもあって前進守備をとった。だが意に反して、いい当たりのライナーが頭上を襲った。飯田は必死にバック。捕球体勢に入って一瞬安心したのか、打球はグラブをかすめて安打になった。ヤクルトは日本一をあと一歩のところで逃した。

しかし、「飯田でなかったらあそこまで追いつかなかった。仕方ない」とナインが語ったほど、飯田の好守は幾度となくチームのピンチを救っていた。

93年日本シリーズ、2年連続のヤクルト対西武である。第4戦、ヤクルトが1対0とリードした8回表二死一・二塁のことだ。中堅を守るのは言わずもがな飯田。

「前年のこと」があったにもかかわらず、飯田は果敢に前に出て守った。セオリーで言えば「二死なら定位置に戻る」なのだが……。これはすなわち、私を含め、ナインの飯田の守備に対する「信用」が絶大だったことを意味する。

打者・鈴木健が中堅前安打。飯田は俊足を生かして打球へ好スタート、捕ってからテークバックが小さく、助走はワンステップ。捕手による盗塁刺のような投げるまでが実に早い送球だった。バックホーム、その距離約70メートル。捕手・古田敦也にダイレクトのストライク返球で二塁走者・笘篠誠治を刺した。同点は覚悟していたが、西武に傾きかけていた流れを引き戻し3勝1敗、ヤクルト日本一の呼び水となった瞬間だ。

前年まで日本シリーズ8勝1敗（1敗は、85年阪神日本一）の、王者・西武の牙城を崩した。球界の勢力地図を塗り替えた「世紀のバックホーム」だった。

リーダーは部下を「信用はしても信頼はしない」「任せて任せず」。部下に任せた以上、ある程度任せないと部下は育たないが、最終的には自分がすべての責任を持つ覚悟で臨まなければならない。

飯田哲也（いいだ・てつや）外野手
●（68年生まれ）千葉・拓大紅陵高→87年ヤクルト→楽天（～06年）
●1505試合　1248安打　打率・273　48本塁打
●盗塁王1回、ベストナイン1回、ゴールデングラブ賞7回

大事な場面では念を押す

では今度は、選手に任せっぱなしにしたことで痛い目にあった例を挙げたい。

83年5月8日の巨人対中日戦で、ネット裏で観戦していた私が、腹立たしさを感じた場面があった。中日の藤沢公也投手が、打者の原辰徳に対してカウントを3ボール－0ストライクにしたときのこと。

「簡単に、ストレートでストライクを取りにいったりしたら、痛打を浴びるぞ」

私は思わず心の中で叫んでいた。当時の巨人は、王貞治が助監督としてスタッフの一員になっており、チームは積極的に打って出る姿勢が目立っていた。中心打者であればなおさらであった。

しかし、中日バッテリーは無警戒に真ん中にストレートを投げた。そして案の定、ホームランにされてしまったのである。

マウンドの藤沢は、「参ったなあ。3ボール－0ストライクからでも打ってくるのか」という顔をしていた。

バッテリーの不注意は当然責められるべきであるが、私の言いたいのはそのことではない。その直後、近藤貞雄監督がマウンドに出ていった。それが問題なのである。

「なぜ、いまごろ出ていくんだ。同じ行くのなら、もう1球前に出ていくべきじゃないのか」

私は心中でそう非難した。カウントが3ボール－0ストライクになったとき、たとえマウンドに行かなくても、捕手を呼んで、「このカウントからでも打ってくるぞ。簡単にストライクを取りにいくな」という助言が欲しかった。

近藤監督はおそらく、当時の巨人の傾向を知っていたと思う。ベンチの中でそのことを考えていたはずだ。

「簡単にストライクを取りにいったら、狙われるぞ。だけど、そんなことくらい、わかるだろう。彼らもプロだから、当然考えているに違いない。ここは彼らに任せよう」

こんなふうに見ていたのではないだろうか。そして、

「それみろ、やはり打たれたじゃないか。なぜあんな球を投げるんだ。プロならもっとしっかりしろ」

などと思って、マウンドに向かったのではないだろうか。しかし、あの場面で出ていっても、時すでに遅し、なのである。

このように、大事な場面では、「念を押す」ということが必要になることがある。

それは、信用していない、というわけではない。選手はうっかりしているかもしれないし、冷静さを欠いている場合だってある。信用して起用していても、絶えずマイナス因子は考慮すべきなのである。

「わかっているだろうから、まあいいや」ではいけない。川上哲治監督は「石橋を叩いても渡らない」などと言われたが、それくらいの用心深さが求められる。臆病であることと細心であることは、異なるのだ。

結果を大きく左右する局面では、部下に対して「わかっているだろう」と任せっぱなしにせず、しっかり念を押すべきである。そのほうが部下も気持ちを整理して、仕事に打ち込める。

近藤貞雄（こんどう・さだお）投手
●（25年生まれ）愛知・岡崎中→法政大中退→43年西鉄軍→巨人→中日・名古屋・中日（〜54年）
●222試合　55勝71敗
●監督成績　67年、81〜83年中日（リーグ優勝1回）、85〜86年大洋、89〜91年日本ハム　通算470勝521敗

リーダーが交代するとき

あのときの南海はまさに危機だった。私は、川上哲治監督（巨人）の「監督交代は危機のとき」という言葉を現実のものとして思い出したものである。

鶴岡一人さんが南海監督の座を禅譲した蔭山和夫さんが急死、急きょ鶴岡さんが再び指揮を執った（65年）。次に監督を託された飯田徳治さんは最下位のため1年で引責辞任（69年）。そのため、私にお鉢が回ってきた。ドン・ブレイザーをヘッドコーチに配置して、プレイング・マネージャーに就任した（70年）。

その後も、私が監督を引き受けるのは、浮上の目がなかなか見えないチーム、戦う集団としての土台ができていないチームばかりだった。

１９９０年に監督に就任したヤクルトは、１９８１年から１９８９年まで9年連続でＢクラス。１９９９年に監督に就任した阪神は、１９８７年から１９９８年までの12年間で、Ａクラスは１９９２年の１回だけ。奇しくも野村ヤクルトが初優勝した年である。さらに楽天は創設２年目に就任、前年は38勝97敗で借金59という状況にあった。

さて、川上哲治さんは58年を最後に現役引退、コーチを経て、61年第7代巨人監督就任。巨人は危機のときだった。

・55年＝南海を破り、日本一（プロ2年目の私は一軍未出場）。以来、巨人は日本一を逃す。
・56年〜58年＝3年連続して日本シリーズで「三原脩・西鉄」に敗れる。
・59年＝杉浦忠の4連投で、私がレギュラー捕手になっていた南海が巨人を破る。
・60年＝「三原脩・大洋」に敗れ、巨人はリーグ優勝からも遠ざかる。

１３０試合以上の長いペナントレースを戦うプロ野球で優勝するには、やはり投手力を含めた守備力が大切であり、盗塁を含めた走力で打撃をカバーすることが求められる。「総合力」「チームプレー」で勝つのだ。「チームプレー」という言葉は今でこそ当たり前に使われているが、もともと川上さんが考えた「造語」らしい。具体的に川上さんはどうしたか。

戦力に恵まれない米大リーグ・ドジャースが毎年優勝争いに加わることに注目し、総合力の『ドジャースの戦法』の実践をめざした。指導役に中日出身の牧野茂さんをヘッドコーチに招聘（しょうへい）。「情報野球」「管理野球」を導入した。

川上さんは「チームプレーとはチームワークである。一つのプレーに全員が参加する。勝つために全員が力を合わせることが大事なのだ」と説き、少ない得点を隙のないチームプレーで守り抜くチームづくりに力を注いだ。

また前述の牧野コーチや、毎日オリオンズ出身の荒川博打撃コーチといった、他球団出身の外様のコーチが要職に就いていたことも、当時の巨人軍では画期的なことだった。さらに川上監督は、コーチの役割分担と責任を明確にし、大幅に権限を委譲した。そのこともメンバー一人ひとりが明確な責任を背負うチームをつくることに寄与したといえよう。

その結果、監督1年目の61年に「チーム打率最低」、当時としては珍しい「20勝投手不在」ながら、いきなりセ・リーグを制覇するのである。

どんな理由であろうとトップの座が変われば、組織は変わる。危機のときだからこそ、チームプレーが重要だ。一つのプレー、一つの目標に全員で参加する姿勢をチームに植えつけなければならない。

牧野茂（まきの・しげる）遊撃手
●（28年生まれ）香川・高松商→愛知商→明治大→52年名古屋・中日（〜59年）
●756試合　445安打　打率・217　9本塁打

判断とは「捨てる」こと

「野球を取るのか、女を取るのか」

南海のプレイング・マネージャーを解任される直前、のちに妻となる沙知代が「現場介入しているのでは」と疑いをかけられ、球団に二者択一、判断を迫られた。

「女を取ります。仕事はいくらでもあるが、沙知代は1人しかいません」

柄にもなく格好いいことを言ってしまった。

人生という名の勝負で「たら・れば」は禁句である。

一つを選ぶということは、残りを捨てることだから。

だから沙知代を選んだからには「あのとき野球を取っていたら……」と後悔してはならないのだ。阪神時代も沙知代の脱税問題で監督を辞めたが、女房のせいで仕事を2度もクビになったのは私くらいのものだろう（苦笑）。

さて、ヤクルト監督就任直後、捕手の古田敦也がマスコミに尋ねられたそうだ。

「ノムさんのアドバイスってどうなの？」

	岩隈	田中	楽天	順位
06年	1勝	ー	47勝	6位
07年	5勝	11勝	67勝	4位
08年	21勝	9勝	65勝	5位
09年	13勝	15勝	77勝	2位

「これまでの監督と全然違いますよ。普通、『この打者は一発があるからクサいところを突いていけ』って言うじゃないですか。でも、それって、結局どうすればいいのか指示になっていないでしょ。野村監督は具体的に『まず内角ストレートをボール球にしろ。その次は外角ストライクぎりぎりのスライダー。オレはそういう判断だ。それで打たれたら仕方ない』と」

私は楽天監督時代も、判断に迫られた。

当時は絶対的な抑え投手が不在だったこともあって、マスコミからは「岩隈久志か田中将大、どちらかをストッパーで起用するのはどうでしょう」との提案もあった。

だが、ストッパーだと出番がなく、宝の持ち腐れになる危険性もある。

私は「2人とも先発」案を選択した。

岩隈は08年21勝。チーム勝利の実に3分の1に当たる勝ち星を挙げた。特筆すべきは「投球回200回以上で被本塁打3」。これは50年ぶりの快挙らしい（58年、阪急・秋本祐作以来）。「投手三冠王」ということもあって、「BクラスチームからMVP」。これも88年門田博光（南海＝40歳で本塁打と打点の二冠王）以来のようだ。

岩隈か田中、どちらかをストッパーで起用したらもっといい結果が出たかもしれないが、まさにそれは結果論である。

人生は「もしも」、つまり「岐路」の連続だが、勝負事に「たら・れば」は禁句である。「一つを選ぶ」ということは、イコール「残りを全部捨てること」だから。これが判断だ。岐路でひとたび判断をくだしたら、中途半端にその別案を組み合わせることは避けるべきである。

岩隈久志（いわくま・ひさし）投手
●（81年生まれ）東京・堀越高→00年近鉄→オリックス→楽天→マリナーズ→巨人～
●226試合　107勝69敗（日本）
150試合　63勝39敗2S（米国）
●MVP1回、最多勝2回、防御率1位1回、ベストナイン2回ほか（日本）

敵を知り己を知れば百戦して殆(あや)うからず

私、野村克也（南海ほか）が「データ」を重視・活用しはじめたきっかけを話そう。

プロ4年目に全試合出場、念願の打率3割、30本、90打点。そして本塁打王を獲得した。以後2年、カーブ打ちが苦手だったとはいえ、油断したわけではないのに打率2割5～6分と低迷が続いた。3割を打てるか否かは、打者として雲泥の差がある。

あるときロッカーで先輩から言われたことに、はたとひらめくものがあった。

「殴ったほうは忘れていても、殴られたほうは覚えているものだからなあ」

本塁打王を獲った私は他球団からマークされていた。捕手の立場になれば当たり前のことに、うかつにも気づいていなかった。

私は南海スコアラーの尾張久次氏に依頼した。

「相手投手が自分に投げてくるコースと球種の記録を、毎試合後、いただけないですか」

当時、プロ野球は創設してまだ日が浅かった。捕手たちがスコアを分析することもなく、リードのマニュアルがあったわけではない。ただ、年間１００打席対戦する各チームの捕手の感覚として「野村にはこういう投球をしよう」という傾向が図らずも現われていた。「打者・野村克也に対して、カウント2ボール－0ストライクでは、内角ストレートは100パーセント来ない」

逆に私としては「ああ、捕手のリードとはこういうものか」と感心したものだ。

私はヤマを張るタイプの打者だから、そのカウントでは外角一本に絞ることができる。「相手投手のどの球なら打てるのか」「自分はどんな球を狙えばいいのか」「来る球がわかっていれば打てる」のだ。以来、私は自分の打席の結果を分析し、ヤマ張りに活用することにした。そのおかげで、8年目から8年連続本塁打王になれた。

また、私は捕手として、「相手打者のタイプ」を4つのカテゴリーに大別した。自分では気づいていなくても、いずれかのタイプに属するはずだ。これがわかっていれば、相手打者を抑えることができる。

●A型（理想型）＝ストレート狙いで、変化球に対応。来た球を打つ天才型。

＝長嶋茂雄（巨人）、篠塚和典（巨人）、清原和博（西武ほか）、松井秀喜（巨人ほか）

●B型（無難型）＝内角か外角か、打つコースを決める。

＝イチロー（オリックスほか）

●C型（器用型）＝引っ張るか流すか、打ち返す方向を決める。
＝辻発彦（西武ほか）、青木宣親（ヤクルトほか）
●D型（不器用型）＝投手が投げてくる球種にヤマを張る。
＝野村克也（南海ほか）、山﨑武司（楽天ほか）

投手と打者の関係はまさに「孫子の兵法」そのものだ。

戦いの勝敗は、天運ではなく人為によるもの。まさに「敵は我に在り」。

敵の攻め方を知り、自らがどのタイプか把握すれば（己を知る）、百回戦っても負けることはない。

野村克也（のむら・かつや）捕手
●（35年生まれ）京都・峰山高→54年南海→ロッテ→西武（～80年）
●３０１７試合　２９０１安打　打率・２７７　６５７本塁打
●ＭＶＰ５回、三冠王１回、首位打者１回、本塁打王９回、打点王７回、ベストナイン19回、ダイヤモンドグラブ賞１回ほか
●監督成績　70～77年南海（リーグ優勝１回）、90～98年ヤクルト（リーグ優勝４回、日本一３回）、99～01年阪神、06～09年楽天　通算１５６５勝１５６３敗

あせらずに時機を待つ

「落合（博満）が待っております。球場内の通路を通り中日監督室までお越し願えませんか」

06〜09年の楽天監督時代、セ・パ交流戦の試合前、中日マネージャーがよく楽天監督室に私を訪ねて来たものだ。私はうなずき、彼の部屋を訪れる。

「ノムさん、お久しぶりです。すみませんね。記者連中に見つかるとうるさいですから」

「落合は、何でオレと話したがるの」

「そりゃ、ノムさんしか、野球わかる人いないでしょ」

「オレより記者に少しはリップサービスしなきゃ。それこそ野球を教えてあげないと」

「落合中日とか、野村楽天だとか、選手でなく、監督を前面に書かれるのがイヤなんです」

「だって監督はリーダーだから。先発投手や野手のスタメンを決めることからして監督の仕事だ。でも、やっぱりオレとは違うのう。オレが苦労して獲った三冠王を3回も……」

「本当はあと2回獲る予定だったんですけどね（笑）」

そんな野球談議の中で、「打撃の重心バランス」の話が出た。私も落合も、重心を「後ろ側」

の足に残して打つ、いわゆる「軸回転打法」だ。

「ワシは、後ろ側の足と前側の足、構えたときの重心バランスは7対3だった」

「僕は9対1でしたよ」

速球を待っていて、遅い変化球に対応する。落合は体が前に突っ込むことによほど注意したということだ。そして「タメ」や「間(ま)」ができるから、あれだけ打てたのだろう。

イチロー(オリックスほか)は日本時代、「振り子打法」の異名が付けられたように、前側の足を大きく振ってタイミングを取ったが、メジャー1年目の01年シーズン途中からそれをやめた。それでもミートした瞬間、後ろ側の足が地面から浮く「体重移動打法」に変わりはなかった。

2010年、メジャー10年連続200安打達成時のイチローのインタビュー発言だ。

「体は前にいくけど、バットを持つグリップを捕手方向に置いたまま我慢する。腕が後ろに残っているから強く振れる」

落合にしてもイチローにしても、打ち方は違えど、考え方は同じ。バットを早く前に出して投球に当てにいくのは簡単だが、そうすると力ないボテボテの打球が転がってしまう。

だから、肩を開かずにタメを作るのだ。投球をぎりぎりまで引きつけると、ミートの瞬間、蓄えたパワーをバットから投球に最大限の力で伝達することができる。速く強い打球を打てるし、そうすれば安打の確率が高い。

「間ができるとカネがたまる」

プロ野球界に古くから伝わる格言だ。間やタメを作れる技術ができると年俸が上がるほど実績を残せるということだ。

私が何を言わんとしたいか。

間やタメを作り、あせらず、じっくり引きつけて、満を持してここぞの場面で最大限の力を発揮すべし。そうすれば成果が出せる。

しっかりした成果を出すためには、最大限の力が発揮できるときを待たなければならない。

落合博満（おちあい・ひろみつ）内野手

●（53年生まれ）秋田工高→東洋大中退→東芝府中→79年ロッテ→中日→巨人→日本ハム（～98年）

●2236試合　2371安打　打率・311　510本塁打

●MVP2回、三冠王3回、首位打者5回、本塁打王5回、打点王、5回ベストナイン10回ほか

●監督成績　04～11年中日（リーグ優勝4回、日本一1回）通算629勝491敗

結果論で選手を評価してはいけない

「打てなかったら、ぶつかっていけ!」「根性だ!」

私のプロ入り当時、指導を受けたのは鶴岡一人監督。「親分」という呼び名から想像できるだろうが、南海・鶴岡野球は「精神野球」の代表であった。

終戦間際、特攻隊の出撃場所だった鹿児島・知覧で、中隊長を務めたと聞く。何かあればビンタ、正座。およそプロ野球らしくない。打撃のイロハも教えてもらえない。監督の言うことをメモしようとしても、冒頭の軍隊の掛け声のような言葉しかない。

親分には決めゼリフがあった。

「グラウンドにはゼニが落ちている。ゼニを稼げる選手になれ」

言いたい意図は理解できるのだが、明けても暮れてもそればかり。さすがに15年間(54〜68年)も聞かされて辟易(へきえき)してしまった。

選手をほめるのはライバルチームの選手だけ。西鉄の「怪童」中西太三塁手、「鉄腕」稲尾和久投手らだ。

「お前、一流の投手は打てんのう。ゼニにならんのう」

さしずめ今なら立派なパワー・ハラスメント発言で、「アウト」である。

ある試合で中西さんにガツンと本塁打された。

「なんで、あそこでストレートなんや。バカたれ！」

（ああいう場面で中西さんにはストレートを投げるのは禁物なのか。いい勉強になった）

次の同じような場面、今度はストレートを見せ球にしてカーブ勝負。また、みごとに本塁打。さすがプロと感心してベンチに戻ると鶴岡監督に怒られた。

「なんでカーブなんや。バカたれ！」

私はここで聞かないと一生後悔すると思って、大監督に対して勇気を振り絞って聞いた。

「ああいう場面では、どんな球種を投げさせるべきでしょうか。教えていただけませんか」

「何い？　そんなもん自分で考えろ！」

打撃でも、私がヤマを張って打てば喜び、凡打だと「なぜヤマを張るんだ！」と怒る。

要するに「結果論」なのだ。指導者は結果論でモノを言ってはならない。

打者に「ヤマ張り」を奨励する私は、監督に就任するとき誓ったものだ。

（選手のヤマがはずれて見逃し三振したとしても、考えた末の根拠ある見逃し三振なら、絶

対に怒るのはやめよう）

97年ヤクルト日本一時の一番打者でチームを牽引した真中満外野手の引退時の言葉だ。

「試合開始直後、ヤマ張りで見逃し三振しても、野村監督は文句を言わず、やりやすかった」

２０１５年、前年最下位ヤクルトを、真中は監督就任1年目で14年ぶりの優勝に導いた。

結果論だけで評価するのなら誰にでもできる。最初に自分が出した指示通りに物事が進めば大成功だが、指示通りに進まないで失敗してもリーダーとして自分が責任を取るべき。たとえ失敗しようと、指示の方向性さえ首尾一貫していれば、部下の信頼は得られているはずだ。その意味においても指導者は結果論でモノを言ってはならないのである。

鶴岡一人（つるおか・かずと）三塁手

●（16年生まれ）広島商高→法政大→39年南海軍・グレートリング・南海（〜52年）

●７５４試合　７９０安打　打率・２９５　61本塁打

●ＭＶＰ３回、本塁打王１回、打点王１回、ベストナイン１回

●監督成績　46〜68年南海（リーグ優勝11回、日本一２回）通算１７７３勝１１４０敗

努力には即効性はないけれど、努力は決して人を裏切らない

私のプロ入りは、思えばもう66年も前になる。南海ホークス二軍の合宿。2月にキャンプが始まる。夕食後、庭はバットの素振りで満員御礼。それが徐々に減り、2月中旬には半分、3月下旬になるとわずか2〜3人だけ。努力には即効性がないから長続きしないのだ。

それでも努力は決して裏切らない。早い人と遅い人があるだけだ。私はそう思い続けた。

若いころ、お金がない私は、砂入り一升瓶を振って筋トレに励んだ。腕立て伏せをした。深夜の素振り、手は豆だらけ。でも、もう貧乏はしたくないという思いで素振りを続けた。母親への仕送りを少しでも増やしたかったのである。

「いつになるかわからないけど、いつかきっとラクをさせてあげるから」

いつもそう思ってバットを振り続けた。

テスト入団からプロ3年目、私は猛練習の甲斐あってレギュラーの座をつかんだ。しかし、捕手だから走者の本塁突入を受けてブロック、体には生傷が絶えなかった。だが、せっかくつかんだポジションをライバルには渡せない。4年目、ついに本塁打王を獲った。

若いころに鍛えて体力の貯金を作り、「生涯一捕手」として27年間45歳まで野球を続けた。

さて、私の南海時代には、天才肌の「ホークス悪人トリオ（江本孟紀・江夏豊・門田博光。詳しくは後述）」がいたが、ヤクルト時代には「スワローズ努力家トリオ」がいた。宮本慎也・稲葉篤紀・土橋勝征だ。

ナイトゲームが終わってからも神宮室内練習場で来る日も来る日もバットを振った。その結果、宮本は19年間で２１３３安打、稲葉20年２１６７安打、そして土橋も地味ながら20年の現役生活を続けた。

土橋には続々と強力なライバルが立ちはだかった。本職の遊撃に池山隆寛、三塁に人気者の長嶋一茂、そしてホーナー、デシンセイ、二塁にはレイと、メジャーを代表する内野手。二塁にコンバートした土橋の守備はお世辞にも華麗とは言えなかったが、打球を体に当てて前に落とす、泥臭いプレーが身上だった。打撃はバットを二握りくらい短く持って臨む。右方向に進塁打を打つのも徐々に上手くなっていった。

無口で眼鏡をかけて哲学者のような風貌の半面、内に秘めたる闘志が素晴らしかった。死球を受けてもポーカーフェイス、涼しい顔をして一塁に歩いていくのだ。

ヤクルト一筋20年、表彰されたのは通算１０００試合出場（史上３７０人目）と通算

１０００安打（史上２２４人目）。オールスター出場も95年の一度きり。それ以外、目立った成績も残していない。

それでも95年と97年の優勝、私は土橋が「陰のＭＶＰ」だと思っている。95年はセ・リーグトップの32二塁打、97年は規定打席未満ながら打率・３０１、61打点を叩き出した（ＭＶＰは95年オマリー、97年古田敦也）。土橋こそ、不器用でも努力が結実して長くプロ野球選手を続けた「いぶし銀」「バイプレーヤー」の代表だった。

「平凡の非凡」――たとえ平凡なことでも、それを続けられる時点で非凡である。努力を続けられるのは一種の才能である。努力に即効性がなかろうと、努力を続けていれば、努力は決して人を裏切らない。それは部下にもリーダー本人にも言えることだ。

土橋勝征（どばし・かつゆき）内野手
●（68年生まれ）千葉・印旛高→87年ヤクルト（～06年）
●１４６４試合　１１２１安打　打率・２６６　79本塁打

見ている人は、見ていてくれる

現役引退後、師と仰ぐ評論家の草柳大蔵さんが、『活眼活学』（安岡正篤）という本を私に推薦してくれた。

「野村さん、言葉は大事です。本をたくさん読みなさい」

聞けば、政財界のリーダーたちの愛読書になっている本とのことで、私も目を開かされるとともに、自分の無知無学をあらためて認識させられた。この本をきっかけにして、多くの本を読み漁った。無為に感じたこともあったが、草柳さんの言葉に救われた。

「見ている人は見ていてくれるものですよ」

89年、私はヤクルト・相馬和夫球団社長に監督就任の打診を受けた。

「セ・リーグやヤクルトに縁もゆかりもない私に、なぜ声をかけてくれるのですか？」

「野村さんの解説を見聞きして心酔しました。ヤクルトに野球の神髄を叩き込んでほしい」

私がヤクルト監督を9年間も続けられたのは、相馬社長の全幅の信頼のおかげだ。

思えば現役時代の65年、私は山内一弘（大毎→当時阪神）さんを抜いて通算本塁打日本1

位に立った。しかし73年、王貞治（巨人）がヒタヒタと私の背中に迫ってきた。

通算本塁打は最終的に王が８６８本、私が６５７本だったのだが、73年はシーズン中に抜きつ抜かれつのデッドヒート。知っていたのは私と宇佐美徹也さんだけ。私より3歳上の宇佐美さんはパ・リーグ記録部員から報知新聞社に移籍し、「記録の神様」と呼ばれた人だ。

「プロ野球選手ってデータをもっと活用してプレーすればいいのに、本当にもったいない。その点、野村さんは違うよね。ワンちゃんとの熾烈な通算本塁打争い、わかっていますよ」

王と長嶋茂雄の存在のおかげで、ねたみ、ひがみ。こういう性格が出来上がった。内心「こんちくしょー」と思っていたが、私のことをわかってくれている人がいて心底嬉しかった。

75年私が王に次ぐ2人目の通算６００本塁打を達成したとき、観客わずか７０００人。「同じホームランなのに王とどこが違うんだ。セ・リーグとパ・リーグの違いだけだ」。

そんなとき、幼いころの記憶がフラッシュバックした。夕食時の母親との会話。

「おかん。太陽が沈んで日が暮れたのに、あの花は綺麗に咲いている。不思議やなぁ」

「あれはな、月見草といって、夜に咲く花なんだよ」

私はその日のインタビューで「ＯＮが太陽を浴びる向日葵（ひまわり）ならば、私は野にひっそりと咲く月見草」と答えた。

私の田舎である、日本海に面した京都府網野町（現・京丹後市）が産地だ。月見草のように、目立つ所で咲かなくても見てくれる人は見ている。「負けてたまるか！」。劣等感をエネルギー源に変換した。

地味でも自分がやるべきことをやっていれば、その様をどこかで誰かが認めてくれている。そうでなくとも、月見草のように凛と咲いていれば、自ずと結果は出るものなのだ。

王貞治（おう・さだはる）一塁手
●（40年生まれ）東京・早稲田実高→59年巨人（〜80年）
●2831試合　2786安打　打率・301　868本塁打
●MVP9回、三冠王2回、首位打者5回、本塁打王15回、打点王13回、ベストナイン18回、ダイヤモンドグラブ賞9回ほか
●監督成績　84〜88年巨人（リーグ優勝1回）、95〜08年ダイエー・ソフトバンク（リーグ優勝3回、日本一2回）通算1315勝1118敗

リーダーには観察眼が求められる

私は捕手として、常に打者を観察してきた。打者の一挙手一投足から、何を考えているのか、狙い球は何なのかを探ろうとしたものだ。

投手のクセを探るためにも、ひたすら相手を観察した。とくに、牽制球を投げるときと打者に向かって投げるときの違いを懸命に捜した。

「感性で動く選手」は、同じ状況になるとクセや偏りが出やすい。捕手は、あるカウントで出す球種のサインがほぼ同じだったりするのだ。

「無くて七癖」と言われるが、投手にしても、クセが出づらいと言われるセットポジションであっても、セットしたグラブの角度が微妙に違っていたりして、「変化球の握りのクセ」や「一塁牽制のクセ」が出る。

とはいうものの、セ・パ交流戦で対戦した左投手の工藤公康（当時巨人）のマウンドさばきは実に巧みで、本当に厄介だった。二塁盗塁を成功させる糸口が見当たらない。工藤は史上唯一、両リーグでゴールデングラブ賞を獲得している投手だ（94年西武、95年ダイエー、00

年巨人)。

「牽制球を何球投げるか」という回数のクセは、本人が無意識でもおおよそ決まっているものだが、それも決まっていなかった。「打者に投球」することを確信してから一塁走者がスタートしていたら十中八九、アウトだ。

しかも顔が本塁に向いていて「打者に投げる」と思いきや、そのタイミングで一塁牽制。逆に顔が一塁に向いていて「一塁牽制球」と思えば、打者に投げる。お手上げか……。

だが、ついにクセを見破った。それこそが、まさにクセだったのである。

「打者を見ながらグラブをセットした場合は、一塁に牽制」

「一塁走者を見ながらグラブをセットした場合は、打者に投球」

つまり、実際のプレーと逆のアクションをするのが「クセ」だったのだ。

06年のセ・パ交流戦。楽天は続けざまに二塁盗塁を成功させた。走者は一か八かの賭けの「ギャンブルスタート」ではなく、確信的なスタートを切った。工藤の唖然(あぜん)とした表情はいまだに忘れられない。

私は、リーダーとしても、このような観察眼は必要だと考えている。

リーダーに求められるのは、チームで成果を出すマネジメントの力だ。何かのプロジェクトを遂行するときに、チームメンバーや、仕事をともにする相手がどんな人物なのか、何を望んでいるのかを踏まえていないと、思わぬところで反発を受けるということにもなりかねない。

相手が望んでいることや性格を知るためには、まず相手を観察することが大切だ。受け答えのときの表情や言葉のはしばしから、相手の人物像を想像し、それに合わせたコミュニケーションをとっていけば間違いは起こりにくくなる。

工藤公康（くどう・きみやす）投手
●（63年生まれ）愛知・名古屋電気高→82年西武→ダイエー→巨人→横浜→西武（〜10年）
●635試合　224勝142敗3S
●MVP2回、防御率1位4回、奪三振王2回、ベストナイン3回、ゴールデングラブ賞3回ほか
●監督成績　15〜19年ソフトバンク（リーグ優勝2回、日本一4回）通算425勝274敗

「負けてもいい」と、監督は絶対口にしてはならない

巨人の王貞治・長嶋茂雄は現役時代、オープン戦・ペナントレースを含めて「シーズン全試合出場」を目標にした。さらに監督になってからは「全試合勝ちにいく熱意」を貫いた。一生に一度しか、巨人の選手、勝利を球場で生で見られないかもしれないファンのためだ。目の前の試合を勝ちにいくために、次から次へと好投手を試合につぎ込んだら投手陣がパンクしてしまう。だから王・長嶋采配は周囲に批判を浴びたこともあったが、優勝の十字架を背負う巨人の選手には、伝統的に「優勝を狙う熱意」が浸透しているのは紛れもない事実だ。

監督は「負けてもいい」などと、絶対に口にしてはならない。

シーズン前、「去年は最下位だったから、今年はまず3位をめざす」という監督がいるが、もってのほかだ。絶対「優勝を狙う!」と言わなくてはならない。そうしなければ、選手の気が抜けてしまい、勝てる試合も落としてしまう。

67年から73年まで7年間で5回優勝。西本幸雄監督が率いる当時の阪急は実に強かった。

73年から82年までのパ・リーグは、観客増を目的として前後期65試合ずつの2シーズン制

を採用した。初年度の73年前期、私がプレイング・マネージャーを務めた南海は、阪急に8勝5敗と勝ち越して優勝するが、後期は実に0勝12敗1分と全然歯が立たなかった。

続く5試合制のプレーオフを制しなければ、日本シリーズに進めない。私は考え抜いた。

「みんな、全部勝とうと無理すれば、勝てる試合も落としてしまう。5試合制で3勝すればいいのだから、1・3・5戦に全力を尽くそう。2・4戦は勝てばもうけものと考えよう」

第1戦は西岡三四郎、佐藤道郎、村上雅則、江本孟紀ら主力投手の継投策で4対2の勝利。第3戦6対3。だが案の定、私の言葉に選手たちは気が抜けて、第2戦は7対9、第4戦は1対13と「偶数試合」に敗戦。とくに第4戦は惨敗。やはり「第2・4戦は落としてもいい」などと、監督として、リーダーとして絶対言ってはいけない言葉だった。本当に後悔した。

迎えた決戦の第5戦。9回裏、リードは1点。マウンドには抑えの佐藤。阪急は「世界の代打本塁打王」高井保弘を送ってきた。高井は遅い球にめっぽう強い。佐藤は「投球フォームは160キロ、実際は130キロ」と野次られる投手である。

「高井と相性がよくない。ミチ（佐藤道郎）よ、エモ（江本）と交代しよう」

「同い年でウマが合わないヤツに、なんで『胴上げ投手』を譲らなくてはいかんのですか」

選手同士の仲のよさは知っておかなくてはならないと痛感したものだが、そんなことを言っている場合ではない。

「わかってくれ。チームの優勝がいまは一番大事なんや」

佐藤はしぶしぶマウンドを降り、江本がスピードボールで高井を3球三振に切って取り、私は悲願の「監督初優勝」の美酒に酔ったのだ（私は酒を飲めないが……）。

ある財界人の話。「経営者の一番大切な条件は常にトップをめざす熱意だ。少し不器用でもいいが、熱意の劣っている人を経営者にしてはいけない。熱意のある人には人がついてくる」。

佐藤道郎（さとう・みちお）投手
●（47年生まれ）東京・日本大三高→日本大→70年南海→横浜大洋（〜80年）
●500試合　88勝69敗39S
●新人王、防御率1位2回、最多セーブ2回ほか

人生にも似ている「盗塁スタート」の極意

韋駄天・福本豊（阪急）の出現により、投手と捕手の我々バッテリーは「クイックモーション」の導入を余儀なくされた。私がプレイング・マネージャーに就任した70年から実に13年連続盗塁王だ。

盗塁阻止はバッテリーの共同作業だ。当時は「クイックモーション」という言葉自体がなく、とにかく「小さいモーションでほうれ」と投手に口を酸っぱくして言った。だから「クイックモーション」の戦術を球界に広めたのは私ということになる。逆に言えば、クイックモーションの必要性を感じさせた福本は偉大な走者だった。

「首振り牽制」も考えた。一般的に投手が捕手のサインを見て「首を横に振る」ということは、すでに牽制球はなく、バッテリーは球種のサイン交換に入っていることを意味する（牽制球のサインに対し、投手はふつう首を横に振って否定することはしない）。ということは、その時点で一塁走者は盗塁のスタートを切るつもりでいていいわけだ。そこで牽制球を投げると一塁走者をアウトにできる。

福本の足には、とにかく苦しめられたものだ。私がユニフォームを脱いだあと（80年限りで引退）、当の本人である福本に単刀直入に聞いてみた。

「盗塁で一番大事なのは何や？」

「そりゃノムさん、スタートです。スタート、スピード、スライディングと言われるが、スタート。これで8割が決まる」

さて、06年、プロ入り3年目の青木宣親（ヤクルトほか）は、5年連続盗塁王・赤星憲広（阪神）を上回る41個で盗塁王のタイトルを奪取した。

青木はスポーツ推薦でなく指定校推薦で早大に入学した秀才らしい。大学卒論は「盗塁について」。大学野球部員たちでデータを取った研究成果に基づき、三段論法でこう論じたそうだ。

「盗塁は、スタート＋スピード（中間疾走）＋スライディングの3Sで成立している。ただ、盗塁が多い人は、二塁ベースよりかなり遠くからスライディングしている」

「二塁ベースよりかなり遠くからスライディングしている人は中間疾走が速く、スタートがいい」

「だから、盗塁が多い人は、スタートがいい」

さらにプロ入り後、青木は「盗塁のコツ」をつかんだそうだ。

「好スタートを切るコツは、投手像全体をおぼろげにボンヤリと見ること。おぼろげに見ていると、投球のとき最初に始動する部分がわかりやすい。そこが動いたら、リラックスしたままスタートを切る。同じことを福本豊（阪急）さんもおっしゃっていて、半信半疑が確信に変わって安心しました。言わば、盗塁は目でするものなんですね」

一塁走者になったとき、投手の動きをジッと「凝視」しすぎたら、体が硬直して好スタートを切れない。帰塁しようとしても体が固まって動けないというのだ。盗塁のスタートは人生の極意にも似ている。

一点だけを見ていては視野が狭くなり、かえって行動を起こしづらくなる。少し引いた気持ちで視野を広くして、いいスタートを切る。人生も盗塁も同じだ。

福本　豊（ふくもと・ゆたか）外野手
●（47年生まれ）大阪・大鉄高→松下電器→69年阪急（～88年）
●２４０１試合　２５４３安打　打率・２９１　２０８本塁打　１０６５盗塁
●ＭＶＰ１回、盗塁王13回、ベストナイン10回、ダイヤモンドグラブ賞12回ほか

監督は選手と同じレベルで試合を見てはいけない

「江夏の21球」のときに、私が考えていたことについて話したい。

江夏豊。阪神史上、いやプロ野球史上最高クラスの左腕エースが、血行障害となり、50球投げたら握力が低下。球を握れなかった手負いの虎は、ホークスで不死鳥のごとく甦った。

「野村監督を解任するような南海で野球をやりたくない」

選手として広島から南海に移籍、コーチを務めたのち広島に戻った古葉竹識（こばたけし）監督（私より1歳下）に連絡を取った。

「豊を頼む」

江夏は翌々年の79年、広島130試合（67勝）のうち、55試合104・2イニングに登板し9勝5敗22セーブ、防御率2・66。リリーフ投手初のMVPに輝く。そして初めて日本シリーズに出場したのだ。

一方、近鉄を率いたのは西本幸雄監督。南海を辞めてからも何かと温かい言葉をくださり、懇意（こんい）にしていただいた野球界の大先輩だ。

監督20年で8回のパ・リーグ優勝（大毎1、阪急5、近鉄2）。しかし結果的に日本一にはなれず、「悲運の闘将」と呼ばれた（79年は近鉄1回目の優勝）。

79年日本シリーズ第7戦。私がサンケイスポーツから評論を頼まれていたのも何かの縁か。

4対3と広島リードの9回。マウンドには江夏。先頭打者の六番・羽田耕一が中前安打。代走・藤瀬史朗が盗塁（暴投で無死三塁）。アーノルド敬遠四球。アーノルドの代走・吹石徳一も盗塁。平野光泰敬遠四球で無死満塁。

広島が1点リードしているとはいえ、絶体絶命のピンチを迎えた。

ここで私には西本監督の表情が緩んだように見えた。

私はそれを見て「危ない」と思った。監督は、ゲームセットまで喜べない立場にあるからだ。

九番投手の代打・佐々木恭介（78年首位打者）が三振。

一番・石渡茂への1球目、カーブを見逃し、0ボール－1ストライク。

ここで西本監督からスクイズのサインが出たらしい。満塁の3走者が一斉にスタート。

石渡がスクイズの構え。捕手・水沼四郎が立ち上がる。江夏は投球をウエストする。石渡のスクイズは空振り。二塁走者・吹石がすでに三塁ベースに達しており、三塁走者・藤瀬は挟殺される。二死二・三塁。石渡は空振り三振でゲームセット。

これが球史に残る「江夏の21球」だ。

リーダーは部下と同じレベルで仕事を見てはいけない。部下を動かすのはリーダーだから。一歩引いて客観的に、物事を俯瞰(ふかん)して指示をくだすのだ。勝負は下駄を履くまでわからない。

西本幸雄(にしもと・ゆきお)一塁手

●(20年生まれ)和歌山中→立教大→東洋金属→八幡製鉄→全京都→別府星野組→50年毎日(〜55年)

●491試合 276安打 打率・244 6本塁打

●監督成績 60年大毎(リーグ優勝1回)、63〜73年阪急(リーグ優勝5回)、74〜81年近鉄(リーグ優勝2回)通算1384勝1163敗

困ったときは「原点」に返る

「外角低目」というのは、万人の打者に通用する。

打者にとって一番打ちづらいのは「外角低目」なのだ。うまく打たれても、よくて安打。本塁打されることは、まずない。

私は「外角低目」を「投手の原点」と呼び、そこに投げられる能力を「原点能力」と言う。だからリードに困ったら外角低目だ。打者にしても、打者有利のカウントで、わざわざ難しい外角低目を打ちにいかない。

私はリードの「基本」を捕手に教える。すなわち、「外角低目へのリード」だ。実際の試合では、その「応用問題」になる。すなわち、「内角をどう使うか」だ。

私は捕手の嶋基宏（楽天、現ヤクルト）にそうアドバイスした。

「嶋よ、どうしてもリードに困ったら、万人に通用する外角低目に戻るんだよ」

さて、いつだったかテレビ番組のインタビューで、横浜で2ケタ勝利を7回マークした三浦大輔が、私の持論と同じ趣旨のことを口にしていた。

「春のキャンプでもシーズン中でも、練習ではまず外角低目ストレートでストライクを取る。それから別のコース、別の球種を投げ込んでいく。外角低目ストレートでストライクを取れるか否かが、投げ方のバランスを確かめる一つのバロメーター。外角低目に始まり、外角低目に終わる」

私風に言えば、三浦は原点に始まり、原点に終わっている。

投手が「外角低目ストレートのストライク」を投げるには、人差し指と中指の押さえをきかせ、腰を入れて投げなければならない。投手にとっても容易なことではないそうだ。それだけに外角低目に決まった投球は力強く、打者は打ちづらい。

三浦はさして速いストレートでもないのに、だからこそプロで25年の現役、通算奪三振も日本で歴代9位なのであろう。

（1位巨人・金田正一から順に、近鉄・米田哲也、大洋・小山正明、近鉄・鈴木啓示、西武・江夏豊、阪急・梶本隆夫、西武・工藤公康、西鉄・稲尾和久、横浜ＤｅＮＡ・三浦大輔、ロッテ・村田兆治）。

野球のリードは「外角低目ストレート」が基本であり、「原点」と呼ぶ。

自分のやり方に迷ったときは、やはり自分の「原点」に立ち戻るのがいい。では「原点」とは何なのか？　リーダーたるもの、自らの仕事における原点とは何か自覚すべきである。

三浦大輔（みうら・だいすけ）投手
●（73年生まれ）奈良・高田商高→92年横浜大洋・横浜・横浜ＤｅＮＡ（～16年）
●５３５試合　１７２勝１８４敗
●防御率１位１回、奪三振王１回ほか

リーダーがプレーヤーに戻るとき

1977年、私は南海の監督を解任された。

この年、前期は1位阪急と1・5ゲーム差の2位、後期は首位ロッテと4・0ゲーム差の3位。通年では首位阪急と5・0ゲーム差の2位となり、成績が原因で解任されたわけでない。

解任の理由は、「公私混同」。当時、私は前妻との離婚が成立していない状態で、のちの妻となる沙知代と同棲をしていた。球団は「第三者を球場や監督室に出入りさせた。そればかりか、ミーティングにも出席させ、選手起用にも口出しさせた」という。

しかしこれは濡れ衣である。確かに球場に呼んだことはあるし、監督室に入れたこともあったかもしれない。だがミーティングに出席させるとか、選手起用にも口出しさせた、といったことはまったくなかった。

それに、彼女の存在は川勝傳(でん)オーナーにも報告していた。にもかかわらず、シーズンを2試合残した時点で私は突然解任されたのである。

私は、「解任の本当の理由は、別のところにある」と考えた。思い浮かべたのは、鶴岡親分である。前述した通り、鶴岡元監督は私に厳しく当たることが多かったが、それだけにとどまらず私を疎んでいたようだ。理由はよくわからない。

解任時の記者会見で私は、「鶴岡元老に吹っ飛ばされたということです」と述べたが、今でもそう確信している。

とにもかくにも、私は南海を解任された。このまま引退するのかと思ったが、川勝オーナーが口添えしてくれたようで、ロッテの金田正一監督が声をかけてくれた。

だが、周囲からは「これ以上現役を続けても、これまでの栄光を傷つけるだけだ」と反対の声が聞こえてくる。

そんなときに、評論家の草柳大蔵さんに教えていただいたのが、「生涯一書生」という言葉である。これは禅の言葉で、生涯かけて常に学び続けよ、という意味である。書生とは、今でいう学生のことだ。

その言葉に深く感銘を受けた私は、「生涯一捕手」を座右の銘として、監督から一選手に戻った。

だが、ロッテでは64試合の出場にとどまり、翌年には西武に移籍。私は試合終盤に登場して残りのイニングをしっかり抑えるという役回りを演じることが多くなり、「セーブ捕手」という別名がついた。

西武2年目には、史上初の3000試合出場を達成。最終的には3017試合に出場した。メジャーリーグには、いまだに3000試合以上に出場した捕手はいないようだ。日本では谷繁元信が3021試合に出場して私の記録を抜いたが、谷繁も同じ捕手であることが感慨深い。

私は生涯一捕手という言葉で、「選手としてチームに貢献したい」という気持ちを再起させることができた。常に一つの道に精進しようという精神が、リーダーを退いた後の人生を支えてくれるのだ。

谷繁元信（たにしげ・もとのぶ）捕手
●（70年生まれ）島根・江の川高→89年横浜大洋・横浜→中日（〜15年）
●3021試合　2108安打　打率・240　229本塁打
●ベストナイン1回、ゴールデングラブ賞6回
●監督成績　14〜16年中日　通算171勝208敗

部下が雑な気持ちになるのを防ぐ

チームが好調なとき、監督が最も気をつけなければならないのは、「攻撃での冒険は、避けなければならない」ということである。調子がいいと、なんでもうまくいくと錯覚しやすいものだ。そこでつい、ヒット・エンド・ランとか盗塁とか、冒険的な作戦をとってしまう。成功すればいいが、これらの成功率はそれほど高くない。

成功すれば拍手喝采だし、監督は「どんなもんだ」と胸を張れる。いうならば、自己顕示である。そのために、失敗したときのことを考えない。阻止されてチームの勢いを自ら止めてしまうケースが多い。

とくに新人監督は、走者が塁に出ると動きたがる傾向がある。「黙って戦況を見守っていては、自分が無策と思われないか」と不安なのだろう。この話を若いビジネスマンにしたら、即座にうなずいた。

「それは、野球だけではありませんよ。僕たちの世界でも結構、多いです。新しく管理職になると、何かしなきゃ……と考えるんでしょうね。そしてそのことが原因で、組織がうまく回らなくなったりします」

なるほど、どんな社会でも同じことか……と考えさせられた。

ヒット・エンド・ランを試みたり、盗塁させることは、スタンドから見ている限り、非常に積極性にあふれているように見える。しかし、このような作戦は、「1点を確実に取る」という観点からすると、少しズレがある。選手も、どうかすると上滑りになりやすい。

「あ、失敗しちゃったよ。まあ、いいか。次がある」

つい、こんな気持ちになってしまうものなのだ。成功率が低い作戦だから、どうしても失敗が多くなる。

そういったことが積み重なると、選手にどうしても雑な気持ちが入り込んでくる。「1点を取る」ということをそれほど大切にしなくなる。それが怖いのだ。そういった雑な気分が、守備面にも伝染してしまう。

1964年にメジャーリーグのワールドシリーズを見て、強烈な印象を受けた記憶がある。カージナルス対ヤンキースの一戦だった。カージナルスが1点か2点ビハインドの終盤、無死一・二塁のチャンスを得た。

ここで私が見たのは、四番のケン・ボイヤーが送りバントを決めたシーンだった。カージナルスはそのあと外野フライで貴重な1点を奪った。

「力と力の勝負」というイメージが強いメジャーリーグ。シングルヒットでも勝ち越しの場面だが、念には念を入れてこういう細かいプレーをするのか──。当時29歳だった私は、強く胸に刻み込んだ。

四番打者の送りバントは、チームに緊迫感を与えた。「何が何でも勝つんだ」という監督の強い姿勢が、他の選手にも伝播して、素晴らしい緊張感を生んだのだ。きわめてオーソドックスな作戦が、相手を追い詰め、自軍を引き締める。そのことを、私は肌で感じ取った。

監督が派手な作戦を実行しようとするとき、そこに「自己顕示欲」がないかどうか、自問自答すべきである。選手に「勝つ」という意欲、執念を与え、緊迫感を植えつけるためには、地味だが、手堅い作戦が要求される。

ケン・ボイヤー（ケントン・ロイド・ボイヤー）三塁手
●（31年生まれ）アルバ高→55年カージナルス→メッツ→ホワイトソックス→ドジャース（～69年）
●2034試合　2143安打　打率・287　282本塁打
●MVP1回、打点王1回、ゴールドグラブ賞5回（米国）

成果は備えで8割決まる

打席でストレートに狙いを定める。そこにストレートが来る。プロならば、安打にできなくても、最低でも「80点の打球」を放ってほしい。ところが実際はうまくいかない。空振りしたり、打ち損じてしまったりする。私は首をかしげながら戻ってくる打者に「喜ぶのが0・1秒早い！」と声をかけてきた。

難しいストレートに手を出す、高目のストレートにバットが下から出る……。「ストレートだ、打てる！」としか考えないから、こうした打撃になる。

たとえば、2007年の、中日が日本ハムに4勝1敗で勝利した日本シリーズ。第5戦がいわゆる「山井大介－岩瀬仁紀の完全試合」となったシリーズである。中日先発の山井は8回まで一人のランナーも出さなかったのだが、落合監督は9回に岩瀬を登板させ、私を含め多くの野球人を驚かせたのであった。

このシリーズの第4戦のことだ。日本ハムが2対3で迎えた7回一死一塁のチャンスで、打席には小谷野栄一。カウント3ボール－0ストライクからストレートで3ボール－1ストライク。投手の中日・平井正史はコントロール、とくに変化球の制球に苦しみ、しかも四球で一・二塁にはしたくない場面だった。

高い確率で「ストレート系のストライクが来る」というダブルチャンス。小谷野もそう感じたのだろうが、外の甘いカットボール（ストレート系）を打ち損じ、二塁フライに倒れた。

この試合では、日本ハム打線にこうしたバッティングカウントでの打ち損じが目立っていた。森本稀哲（ひちょり）も、執拗に苦手の内角を攻められ、内角を待っているのに安打にできなかった。

ストレートを待つだけではいけないのだ。そこに「ストライクのストレートだけ」「ストレートを上から叩く」「ストレートをバットのヘッドを立てて叩く」など、もう一つ注意事項を加えて備える。これを私は二段構えと呼ぶ。

変化球も同じである。右打者対右投手であれば、「腰の前方あたりから曲がってくるスライダーだけ」「高目から落ちてくるフォークだけ、膝から下は手を出さない」など。狙い通りの球種だったとしても、安打にできないコースなら手を出してはいけない、そうした備えが必要なのである。

さらに、狙い球を絞る前段階の準備として、選手には「狙い球10か条」を説いた。

1. 投手のクセを探して球種を判断する。
2. 2ボール－0ストライク、3ボール－1ストライクなど、カウントを稼ぎたいときの球を狙う。
3. 前の打席の「結果球」（最後の球）を意識して、次打席の初球。
4. 真芯に当たってファウルしたときの次の球。
5. タイミングが合わずに大きく空振りしたときの次の球。
6. 流し、引っ張りができて、ファウルになった次の球。
7. 俊足走者が出塁し、盗塁のケースで変化球が続くのか。
8. データ活用（投手の得意な球。ストレート系、変化球系が何球続くか）。
9. 投手が首を横に振った次の球。
10. 前の打者が安打した球種。次打者は初球、同じ球種を狙う。

私は、打撃はどんな球を狙い打つかという事前の「準備」で8割決まると思っている。「来た球を打つ」ことで成果が持続するのは天才だけだ。成果を持続させるためには、事前の準備を入念に行わなければならないのだ。

チームを愛する

戦力的に見劣りする球団を率いていると、あれこれと机上の計算をして「なかなか優勝できないな」と考えてしまう。

「まあ、なんとかAクラス（3位まで）に食い込めば、いいじゃないか」

そんなふうに、妥協してしまうものだ。しかし、これがチームにとって一番、怖いことだ。

「まあまあ」という妥協の気持ち、安易感は知らず知らずのうちに、チーム内に伝染していく。「どうせ、優勝できないだろう」という監督のあきらめにも似た思いは、どこかに真っ先に出てくる。

重箱のスミをつつくように、ねちっこく指摘するのは、言われるほうもイヤなものだが、指摘する側のほうが、もっと苦痛なのだ。人間、誰だって、なごやかに平穏に終わりたいと願う心を持っている。それを抑えつける作業から始まるのだ。

「チームのためだ」「選手のためだ」という使命感がなければ、四六時中、目を光らせて細かいことをチェックできるわけがない。

監督として、8回のリーグ優勝を成し遂げた西本幸雄さんは、監督の必要条件の第一に、「チームを愛すること」を挙げている。まさに至言だと思う。その心が、「優勝したい」という願望になり、「どうしても優勝するんだ」という執念に結びついていく。監督は、優勝するという強い意欲と執念を放棄してはいけないのだ。

西武ライオンズを3回のリーグ優勝、うち2回の日本一に導いた広岡達朗監督も、この執念を持っていた。

本拠地の西武球場で試合がある日には、必ず午後2時ごろには球場入りしていた。不調に悩んでいる打者の特打に付き合い、バント処理のまずかった選手、走者を出してクイック投法ができなかった投手……そういった前日のミスの再点検、復習をやらせていた。

これは、口で言うほど簡単なものではない。生活のすべてを野球に合わせていても、至難の業だ。なぜなら一日や二日でないからだ。「必ず、やる」ということに意味があり、価値が生まれる。

前述したが、私は、指導者の基準として以下の5つを考えている。

1．野球（チーム、選手）を愛している。

2. 自分の信念を曲げない。
3. 個人的感情に左右されず、選手を起用する。
4. 自分が得た理論を粘り強く選手に反復させる。
5. これでよいと妥協しない。

広岡監督は、〝好みのプレーヤーがいる〟ということを除けば、この要点をすべて満たしていた監督だった。

まずは、自らの属している組織を愛し、そのメンバーを愛すること。すべてそこから始まる。それに加えて、信念、公平さ、辛抱強さ、妥協しない精神を兼ね備えている者が、真のリーダーたりえる。

広岡達朗（ひろおか・たつろう）遊撃手
●（32年生まれ）広島・呉三津田高→早稲田大→54年巨人（～66年）
●1327試合　1081安打　打率・240　117本塁打　●新人王、ベストナイン1回
●監督成績　76～79年ヤクルト（リーグ優勝1回、日本一1回）、82～85年西武（リーグ優勝3回、日本一2回）通算498勝406敗

第二章

人を育て、人を活かす

「失敗」と書いて「せいちょう」と読む

田中将大は新人の07年、150キロのストレートとスライダーを武器にして、99年松坂大輔以来の高卒新人2ケタ勝利を挙げた（11勝）。

与四球はパ・リーグ最多だったが（68個）、奪三振はダルビッシュ有の210個に次ぐ2位だった（196個）。

「マー君（田中将大）、プロ2年目の今年の目標は何だい？」

「ストレートで空振りの三振をたくさん奪いたいです」

結果、2年目は9勝止まり。10勝に到達できなかった。

私は捕手として27年間、打者をマスク越しに見てきた。その経験から断言できることがある。

投手には「スピード」より「コントロール」が大事だ。

球のスピードを上げたいと思うと、力みにつながって投球フォームを崩す。投球フォームを崩せば、球の威力が失われる。つまり、悪循環にはまってしまう。

しかし私はあのとき、19歳の若さに可能性を感じてしまい、ついマー君の希望に賛同してしまった。彼の「2年目のジンクス」は私が作ったようなものだ。

私がライバルとして対戦してきた中では稲尾和久（西鉄＝通算276勝）、味方として投球を受けてきた中では杉浦忠（南海＝通算187勝）が最高の投手といえる存在だった。2人は、スピードはもちろんだが、まずその前に外角低目ストレートのコントロールが抜群だった。

3年目、再び私は問うた。

「150キロのド真ん中と、130キロの外角低目。どちらが安打を打たれづらいと思う？」

「外角低目の130キロです」

「そう思ってくれるか。オレが間違っていた。もう一度、コントロールを追求してみないか」

田中は、楽天初優勝の2013年、チームの貯金23を上回る、実に24勝0敗。スピードは156キロまで自己記録を伸ばしたが、逆に言えば「プロ7年間でわずか6キロ」なのだ。逆に、抜群のコントロールを手に入れたからこそ、奪三振王（12年）にも輝き、大投手に成長できたと私は確信している。

私は「失敗と書いて『せいちょう』と読む」と、ことあるごとに説いている。失敗をそのまま終わらせておくのでは、また失敗を繰り返すだけで、意味がない。失敗には必ず原因がある。その原因を追求すれば、必ずや成功につながる糧(かて)となる。

そして重要なのは、「失敗」をきちんと「失敗」だと認めることである。

失敗を認めないことは、せっかくのチャンスを失うことだ。これが、意外に難しい。

田中将大(たなか・まさひろ)投手

●(88年生まれ)北海道・駒澤大苫小牧高→07年楽天→ヤンキース

●175試合 99勝35敗3S(日本)

164試合 75勝43敗(米国)

●新人王、MVP1回、最多勝2回、防御率1位2回、奪三振王1回、ベストナイン2回、ゴールデングラブ賞3回ほか(日本)

固定観念は悪、先入観は罪

私がヤクルト監督に就任した89年秋、ドラフト会議前の片岡宏雄スカウト部長との会話だ。

「いい捕手がいますが、メガネをかけています。視力の面でナイトゲームは不利かもしれません」

「キャッチャーマスクをかぶるときにメガネは邪魔だしな。だが、今はコンタクトレンズも普及した」

「打撃は非力です」

「捕手と遊撃手は守備が一番。打撃は二の次でいいから目をつぶろう」

いざ入団してみると、古田敦也（ヤクルト）は、眼球に凹凸があって、コンタクトレンズ装着は無理だった。

それがどうだ。古田は私のそれまでの30年間のプロ野球生活の中で、捕手としてのスローイングはＮＯ・１だった。

盗塁阻止率４割で強肩と言われる中、古田は１０６試合出場、盗塁企図55、刺殺29、盗塁阻止率・527。プロ1年目にしてゴールデングラブ賞を獲得したのは捕手で初めての快挙だった。

プロ2年目の91年オールスターゲーム第1戦で1試合3盗塁刺（オリックス・松永浩美＝85年盗塁王、日本ハム・白井一幸＝89年38盗塁、西武・秋山幸二＝90年盗塁王）。

93年は6割を超える驚異的な盗塁阻止率をマーク（93年盗塁企図45、刺殺29、阻止率・644）。「異色の強肩メガネ捕手」と呼ばれた。

古田自身は盗塁阻止のコツをこう話す。

「僕は、遠投100メートル。捕手の平均レベル以下の肩です。でも、捕手の投げる最長距離はダイヤモンドの対角線ですから、捕ってから投げるまでの時間を短くすればいい。強肩でないと走者を刺せないということはありません」

投球を捕球してから送球、二塁手に届くまで約1・8秒。古田は現役18年間で、走者の通算盗塁企図926、阻止率・462。年間平均51度走られて24回刺した計算だ（参考／横浜↓中日・谷繁元信＝現役27年＝の通算盗塁企図1634、阻止率・368。年間平均61度走られて22回刺した計算。巨人・阿部慎之助＝現役19年＝の通算盗塁企画1000、阻止率・348。年間平均53度走られて18回刺した計算）。

２０１８年の日本シリーズで甲斐拓也（ソフトバンク）は広島の俊足走者を６連続で刺してＭＶＰを獲得した。しかし、古田はもっと凄かった。

課題だと言われた打撃も通算２０００安打をマーク。あのとき「メガネをかけている捕手だからダメだ」という固定観念や先入観で古田をドラフト指名しないで、古田がヤクルト以外の別のチームに入団していたら、日本プロ野球の歴史は間違いなく変わっていた。そんなエピソードである。

固定観念と先入観だけで結論を出し、物事を吟味しないで決めてしまうと、大事なものを失うこともある。まさに固定観念は悪、先入観は罪だ。

古田敦也（ふるた・あつや）捕手
●（65年生まれ）兵庫・川西明峰高→立命館大→トヨタ自動車→90年ヤクルト（～07年）
●２００８試合　２０９７安打　打率・２９４　２１７本塁打
●ＭＶＰ２回、首位打者1回、ベストナイン9回、ゴールデングラブ賞10回ほか
●監督成績　06～07年ヤクルト　通算１３０勝１５７敗

無視、賞賛、非難

結果論でモノを言い、私をけなしてばかりの鶴岡一人監督（南海）が一度だけ私をほめてくれたことがあった。

鶴岡監督は、球場入りして「おはようございます」と挨拶をしても、聞こえているのかいないのか、無意識なのか無視なのか、いつも返答はなかった。

プロ4年目の私は正捕手の座を奪取し、本塁打王を獲得。球場でのすれ違いざまだった。

「お前、最近、打撃ようなったな」

たったこれだけの言葉だが、私は驚き、有頂天になった。人をほめない鶴岡監督がほめてくれたのだから、私もそれなりの選手になったのだろう。対戦投手がみな格下に見えてくるから、「自信」とは不思議なものだ。極端な話、私はあのひとことだけでその後も選手を続けていられたようなものである。

「ほめて育てる」――人は誰しも、周囲に認められたがっている。みな上司の評価や言葉を気にしている。自分のことを好いているのか、信頼しているのか、評価してくれているのか。

それは「実力の世界」と言われるプロ野球選手とて例外ではない。

また、人は、仕事に慣れた20代前半時の上司の仕事ぶりが、その後の自分のやり方の主流になることが多い。

・長嶋茂雄（巨人）は、立教大時代の砂押邦信監督（のちの国鉄監督）の厳しい「月夜の千本ノック」。
・星野仙一（中日ほか）は、明大時代の島岡吉郎監督の「人間力」。
・森祇晶（西武ほか）は、巨人の川上哲治監督の「石橋を叩いて渡る」野球。
・仰木彬（近鉄ほか）は、西鉄時代の三原脩監督の「魔術」采配。

当然、私も鶴岡監督の影響を色濃く受け、自分が監督になったとき、野球技術が下の順から「無視」「賞賛」「非難」で選手に接することにした。

・「無視」――自らの努力がまだ実を結んでいない段階の選手は無視。
・「賞賛」――二流はほめて育てる。発展途上時は、ほめられることで意欲が上がる。
・「非難」――一人前の選手をほめると勘違いしやすいので、非難して高みをめざさせた。

私は選手の育成とは「いかに自信をつけさせるか」に尽きると思う。ほめることはその一つの手段だ。

4年目、本塁打王を獲得したが、依然発展途上だった私の例を見ても「タイミング」が大切なのは明らかだ。

自分の華やかな現役時代など、若手選手は知りもしない。体に染み込んだ野球理論も、響く言葉で表現できなければ指導に活かせない。

「名選手必ずしも名監督にあらず」とは、このへんに大きな理由があるのだと思う。本能や才能だけでプレーしてきた名選手が監督になることが多いため、自分の考えを選手に伝える術（すべ）を知らないのだ。

選手をほめるときに使う言葉は人材育成の「大事な道具であり、武器」である。言葉で伝えられなければ指導に活かせないからだ。

選手の性格を見極める

前述の「無視・賞賛・非難」が育成の一般的パターンだが、選手の個性を考えると、「ほめて伸びる」タイプと、「反骨精神を刺激されて伸びる」タイプがある。例を挙げれば、前者が小早川毅彦（広島から移籍）、後者が田畑一也（ダイエーから移籍）。

96年ヤクルトは4位に終わった。しかも四番トーマス・オマリー内野手が退団した。オマリーは95年ペナントレース、日本シリーズともにMVP。96年も127試合145安打で打率・315、18本塁打97打点と大活躍したが、契約で折り合わなかった。巨人を退団することになった落合博満の入団交渉も不調に終わった（日本ハムへ移籍）。

ライバルの巨人はFAで清原和博（前西武）、2年連続2ケタ勝利のエリック・ヒルマン投手（前ロッテ）を獲得した。

小早川毅彦はPL学園高から法政大に進み、大学1年の春、いきなり四番に座り、史上最年少でベストナイン（一塁手）に輝いた逸材だ。プロ1年目には広島で新人王。87年に江川卓（巨人）から痛烈な本塁打を放ち、「江川に引退を決意させた男」として名を上げたが、

35歳で戦力外通告されたのをヤクルトが獲得した。私は小早川に対するほめ言葉を呪文のように唱え続けた。

「お前には実力があるんだ。しかも1年目は結果がいいんだ。自信を持て！」

「カウント3ボール－1ストライクになると、巨人・斎藤雅樹は左打者に外角カーブを投げる」

驚異の「開幕戦4年連続完封勝利」を狙う斎藤から、データを参考に小早川は「1試合3本塁打」。この試合をモノにしたヤクルトは余勢を駆って、このシーズン巨人戦19勝8敗。

一方の田畑一也は、91年オフのドラフト会議で12球団シンガリとなる10位指名でダイエー入団。なんだかんだ言っても、一軍投手枠12人はドラフト1位や2位がほとんどだ。田畑は4年間計2勝で、河野亮らとの2対2の交換トレードでヤクルトに移籍してきた。

田畑は試合前、いつも伊藤智仁と組んでキャッチボールをしていたが、私が「史上最高クラス」と評価する伊藤に勝るとも劣らない切れのあるストレートを投げていた。

「スピードがなかったら、もっとコントロールを磨いて、緩急を使え。でも、まあ、しょせん4年間で2勝。ファームの四番打者と交換した投手だから無理かなあ」

田畑の負けん気を周囲から聞いていたので、わざと相手を刺激するような言葉を用いた。

すると、みごと96年12勝、97年15勝を挙げた。先発ローテーションが確立していた当時の15勝は価値がある。しかも5敗しかしていない。田畑は言った。

「野村監督は僕の負けん気を引き出してくれました」

小早川と田畑、「野村再生工場」の投打の最高傑作の活躍が97年に重なり、「野村・ヤクルト」は、巨大戦力の「長嶋・巨人」からセ・リーグ優勝のペナントを奪回したのである。田畑は現役引退後、巨人・ヤクルトの投手コーチとして後進を育てた。

育成には「ほめて育てる」方法と、「相手の反骨精神を引き出す」方法がある。性格を見極めて使い分けると効果は大きい。

小早川毅彦（こばやかわ・たけひこ）一塁手
●（61年生まれ）大阪・PL学園高→法政大→84年広島→ヤクルト（〜99年）
●1431試合　1093安打　打率・273　171本塁打
●新人王

田畑一也（たばた・かずや）投手
●（69年生まれ）富山・高岡一高→北陸銀行→田畑建工→92年ダイエー→ヤクルト→近鉄→巨人（〜02年）
●166試合　37勝36敗1S

育成の中途半端は、選手を骨の髄まで腐らせる

「スカウトさんよ。アマチュア時代に本塁打を何十本打っていようと全然関係ない。天性の3要素のどれかを持っている選手を獲得してきてくれ」

天性の3要素。すなわち「スピード（俊足、球速）」「パワー（遠くへ飛ばす）」「強肩（遠くへ投げる）」の3要素は、努力して身につくものではない。親から受け継いだ天賦（てんぷ）の才だ。エースや四番になれるかは、その3要素次第。これが傑出しているか否かは、選手が歩むべき道の方向を指示する上で一つの判断材料になる。

野球というスポーツは筋書きのないドラマである。それを演じるのはエースや四番の「主役」、その主役を彩る「脇役」で構成される。

主役だけではドラマは成り立たない。アマチュア時代は主役でも、プロでは脇役が適任という選手もいる。「打つ」「走る」「守る」、何か一つ秀でた技術を持っていれば、十分プロで働ける。

宮本慎也（ヤクルト）は同志社大2年春に首位打者を獲得していたが、プロ入り時に、こ

う指導した。

「お前はまるで自衛隊や。打撃が非力で、守るだけの選手。でも、捕手と遊撃手は、守りが上手いことが一番大事や。打てなくても仕方ないから打順八番のレギュラーをくれてやる。そのかわり、しっかり守って投手を助け、バントで走者を進めろ。縁の下の力持ちに徹するんや」

得意の守備では、当初の期待通り遊撃6回、三塁4回のゴールデングラブ受賞。

宮本は超一流の守備力を買われて試合に出ているうちに、史上3人目の通算400犠打を記録しながらも、打撃のコツをつかんだ。5回の打率3割をマークし、古田敦也（ヤクルト）に次ぐ「大卒-社会人」2人目の通算2000安打。

さて、この宮本を、四番打者として育成していたらどうだっただろう。

2133本も安打を打ったのに、現役通算19年で62本塁打。プロ入り前の私の見立て通り、結果的にも年平均3本塁打の計算だった。徐々に長打力が身につくこともなかった。いや、長打力を求めなかったのだ。

だから、たまに本塁打を打ってベンチに戻って来たときにはこう苦言を呈した。

「お前はホームラン打者ではないんだぞ。勘違いして大振りしてはいけないぞ」

正しい方向への努力をさせなければ、選手は育たない。本塁打をほめてしまっては、めざすべき方向が中途半端になってしまうからだ。

宮本という脇役は、「野球人生」というドラマの中で、最後には「脇役の中の主役」「脇役の一流」「超二流」になっていた。さしずめ助演男優賞というところだ。

部下が歩むべき道の方向性の「指示」は、リーダーの大切な仕事である。育成の中途半端は、部下を骨の髄まで腐らせてしまう。

宮本慎也（みやもと・しんや）内野手

●（70年生まれ）大阪・PL学園高→同志社大→プリンスホテル→95年ヤクルト（～13年）

●2162試合　2133安打　打率・282　62本塁打

●ベストナイン1回、ゴールデングラブ賞10回

長所を伸ばすよりも、短所を鍛える

　プロ野球においては、すべてが平均点というのが一番厄介だ。「走攻守三拍子そろった」という形容詞は、秋山幸二（西武ほか）やイチロー（オリックスほか）のように高いレベルであればいいが、「特長が乏しい」の裏返しであり、それに困ったマスコミがそう表現しているにすぎない。

　スポーツキャスターぶりがすっかり板についてきた赤星憲広（阪神）は、公称170センチ、66キロ。スーツを着れば一般人にも埋もれてしまうくらい小柄だ。

　社会人のJR東日本時代、シドニー五輪の強化指定選手として、私が監督を務めていた阪神キャンプに参加した。当時、チーム1の俊足・高波文一外野手と50メートルを競走させたら、高波を相手にしない速さだった。

　監督3年目の戦力補強。五輪が終わった年のドラフト会議の最中の話だ。

「あの男、赤星を指名しないのか」

「だって足だけの選手ですよ。体は小さいし、とくに打撃が非力です。守備範囲は広いけど、肩は強くない」

「最終回、サヨナラ勝ちの場面で代走・赤星を送る。獲ってくれ」

中堅を守っていた新庄剛志のＦＡでのメジャー移籍が決まっていたこともあった。

赤星のプロ１年目のキャンプ。私はこうアドバイスした。

「俊足を生かした走塁、広い守備範囲は魅力的な個性だ。それを活かすために打撃を磨け」

「弱点は内角打ちだ。投球を体の近くまで呼び込んで、体の回転で、スリコギ型バットを球にぶつけるように打て」

「俊足の左打者が走り打ちすると、低目の球は内野ゴロに、高目の球は凡フライ、外角変化球は空振りに終わることが多い。走るのは打ってからにしろ」

「三遊間にゴロを転がして走れ。三塁線、一塁線にバントでもいい」

1年目の01年、すぐに中堅のポジションを獲り（１２８試合１２８安打で打率・２９２、１本塁打、23打点、39盗塁）、新人にして盗塁王を獲得、新人王にも選出された。

もともと得意な走塁はセ・リーグ初の５年連続盗塁王（通算３８１盗塁）。守備も６回のゴールデングラブ賞。

非力な打撃は、９年間の現役生活で、打率３割を実に５回マークしたのには正直驚いた。

阪神03年・05年の優勝に貢献、なくてはならない存在だった。

人は、得意な分野は放っておいても自ら一生懸命努力するが、苦手な分野は放置・敬遠してしまう。「短所矯正には目をつぶって長所を伸ばせ」とよく言われるが、まずは「短所を鍛える」のが先だ。すると、部下の仕事の幅が広がるようになる。

赤星憲広（あかほし・のりひろ）外野手
●（76年生まれ）愛知・大府高→亜細亜大→ＪＲ東日本→01年阪神（〜09年）
●１１２７試合　１２７６安打　打率・２９５　３本塁打
●新人王、盗塁王５回、ベストナイン２回、ゴールデングラブ賞６回

道具を変えることも一つの選択肢

私は結果が出ない選手に対してこんなアドバイスをする。

「同じことをやってきて何も変わらなかったのだから、試しにまず自分が何かを変えてみないか。手始めにバットを変えてみろよ」

道具を変えるということで、まず心機一転につながる。同時に、最適の道具を使用することが、技術的にも能力開花のきっかけになる。

さて、エピソードの主、藤原満（南海）は「花のドラフト昭和44年組」。近畿大では有藤通世（ロッテ）と三遊間、三・四番を組んだ。だが、南海同期のライバルに田淵幸一・山本浩司（浩二）とともに「法政大三羽烏」と並び称された強打者の富田勝内野手がいた。

藤原は、アマチュア時代は大物打ちでも、177センチ77キロの身体から、アベレージヒッターに徹したほうが、好結果が出ると思った。

私は運動具屋で、先端と根元が太いバットを作ってもらった。料理に使う「スリコギ」型だ。胴が太い蛇のような形態で「ツチノコ型バット」と呼ばれることも多い。

実はタイ・カッブが使用していた型のバットであり、「タイ・カッブ型バット」が通称である。あのメジャーの「球聖」タイ・カッブでさえ、体調に合わせて重量の違うバットを使い分けていたそうだ（タイ・カッブ＝05〜28年タイガースほか。通算４１９１安打）。

「弘法筆を選ばず」という格言があるが、「野球の弘法」は筆（バット）を選ぶのである。

日本には「道具は、慣れている同じ物を長く使ったほうがいい」というような風潮があるが、それよりも常に試してみて、最適な物を使うのだ。

「藤原よ、このバットを使うんなら、今日スタメンで使ってやる」

なぜそんなことを考えたかといえば、藤原はバスターが上手かったからだ。１でバントの構え、２でバットを引き、３でバットを投球にぶつける。

「打撃はバットを振り切る必要なんてない。タイミングさえ計って、投球にバットをぶつけるだけでいい」。首位打者7回、通算３０８５安打の張本勲（いさお）（東映ほか）の言葉だ。

藤原はその試合、４打数３安打。まさに図に当たった。

75年から8年連続１００安打。打席の多い一番打者でありながら4度も打率３割をマーク。パ・リーグの「シーズン最多安打」打者2回。一方、三振が少なく、39個が年間最多。

「考え方が変われば行動が変わる。行動が変われば習慣が変わる。習慣が変われば人格が変わる。人格が変われば運命が変わる。運命が変われば人生が変わる……」

福本豊(阪急)、大石大二郎(近鉄)、高橋慶彦(広島ほか)、松本匡史(巨人)、飯田哲也(ヤクルトほか)、赤星憲広(阪神)……。この「スリコギ型バット」は、小柄な俊足打者に、またたく間に広がり、使われていくのである。

「同じことをやっても変わらなかったのだから、まず自分が何かを変えてみないか」。結果が出ないで思い悩んでいた人が生まれ変わるための「魔法の言葉」である。

藤原　満(ふじわら・みつる)三塁手

●(46年生まれ)愛媛・松山商高→近畿大→69年南海(～82年)

●1354試合　1334安打　打率・278　65本塁打

●ベストナイン1回、ダイヤモンドグラブ賞2回

プレッシャーに弱いタイプとの接し方

ヤクルトに山本樹（たつき）という左投手がいた。ドラフト4位。150キロ級のストレートを投げ込む好素材。左腕には、右腕よりスピード5キロ増と考えていいメリットがある。しかも、右手にはめたグラブを宙に大きくかざす投球フォームで、球の出どころが打者に見えづらい。しかし、いかんせんハートが弱かった。ブルペンではいい球を放っているのに、マウンドでビビりまくっていた。入団3年間33試合に投げ0勝。当時のスプリングキャンプは米国ユマで行われていたのだが、精神的に追いつめられて「飛行機が落ちればいい」とまで考えたそうだ。

山本は気持ちの優しい選手だから、過剰なプレッシャーを与えてはならない。私は諭（さと）した。

「打たれてもお前の責任じゃない。使っているオレが悪いんだ」

「打者を見るな。捕手のミットだけをめがけて投げろ」

「3年間、同じことを繰り返してきた。もう無理しなくていい。ただ、可愛い子供たちに、いっぺん一軍で勝つ姿を見せてやれや」

そういう、気持ちが楽になるような言い方をした。

山本は開き直った。開き直りとはなげやりになることではない。腹をくくることだ。

「自分が耐えられないプレッシャーを、自分自身に与えるのはよそう。いつ辞めてもいい。ずっと二軍で構わない」

すると、どうだ。96年の阪神戦、プロ4年目の初勝利が初完投初完封。私も嬉しかった。

・96年37試合4勝8敗1S、防御率4・53（先発18試合、完投3）
・97年46試合3勝6敗1S、防御率3・67（先発10試合、完投1）

以後、中継ぎに専念。

・98年35試合7勝2敗3S、防御率2・03
・01年61試合6勝3敗1S、防御率2・93

日本球界の四番打者だった松井秀喜（巨人ほか）とは数々の名勝負を繰り広げた。97年、01年と左のセットアッパーで日本一に貢献。日本シリーズの大舞台では計9イニングを投げ、奪三振14、防御率0・00。

山本は08年母校・龍谷大コーチに就任、12年全日本大学選手権ベスト4、その直後から監督に昇格した（18年から大阪観光大監督）。山本は、選手にこんなことを言うらしい。

「マウンド度胸はマウンドでしか作れない。失敗は成功の母。何点取られても責めないから好きなように投げなさい」

「練習でできることが試合でできない選手は多い。指導者は我慢するのが仕事。小さくても前進していれば成長だ。自分はそれを野村監督に教わった」

人間にはいろいろなタイプがいる。力は持っているのに必要以上にプレッシャーを感じてしまう者もいる。そんなタイプには「失敗してもお前の責任ではない。お前に限らず、使っているオレが悪いんだから」と気楽にさせてあげて、自信を得るのを待つのがいい。

山本　樹（やまもと・たつき）投手
●（70年生まれ）岡山・玉野光南高→龍谷大→93年ヤクルト（〜05年）
●405試合　27勝37敗10S

教えないコーチこそ、よいコーチ

私は監督あるいは捕手として、南海時代5人、ロッテ・西武時代1人、ヤクルト時代1人、阪神時代1人、楽天時代1人と、もれなく新人王を輩出している。「野村再生工場」は、「ベテラン再生」だけでなく、「新人育成」にも実績がある。合計43年で9人の新人王。毎年各リーグ6球団から1人なのだから、平均を上回る、なかなかのものではないだろうか。

新人王資格には「支配下登録5年以内」という規定がある。セ・パ2リーグ分立の1950年以降、2019年まで新人王は計130人（該当者なしが10）。プロ5年目での受賞は長い歴史でも皆無、プロ4年目での受賞も、71年巨人の関本四十四（しとし）投手（巨人）と98年西武の小関竜也外野手のわずか2人だけ。

私はプロ入り3年目の56年に129試合90安打の打率・252、7本塁打、54打点でレギュラーに定着した。新人王資格は残っていたのだが、21勝を挙げた高校出1年目投手、稲尾和久（西鉄）に持っていかれた。

翌4年目の57年、私は30本塁打を放ち、ついに4年連続本塁打王・中西太（西鉄）さんから本塁打王を奪取、初キングに輝いた。

翌58年セ・リーグでは長嶋茂雄（立教大→巨人）内野手が1年目に全130試合出場153安打で打率・305、29本塁打、92打点、37盗塁。本塁打と打点の二冠で新人王だ。86年、西武の清原和博内野手も1年目に新人王。126試合123安打で打率・304、31本塁打、78打点。だが、通算2338試合、2122安打で打率・272、525本塁打、1530打点ながら、結局、打撃三部門のタイトルには縁がない「無冠の帝王」として、22年のプロ生活に終焉を迎えた。

私が何を言わんとするか。「鉄は熱いうちに打て」という。石の上にも三年、風雪五年。「プロ3〜4年目までにタイトルを獲れなければ、以後なかなか獲れない」という私の持論はこのあたりから来ている。

私には「能力を引き出す三原則」がある。

1.「教えすぎ、言いすぎはダメ」
2.「実戦で成功体験を積む」
3.「正しい努力、目標設定をする」

私は毎日のようにミーティングを行っていたが、心がけていたことがあった。それは「答えを全部言わない」こと。答えを教えてしまうと「きっと教えてくれるだろう」と考えなくなる。思考が止まれば進歩も止まる。答えは選手に言わせ、考えさせ、責任を持たせる。指導者とは、「気づかせ屋」である。相手が自分で気づくようにもっていくことが、指導者の手腕である。

「権藤、権藤、雨、権藤」と連投で有名だった権藤博（中日）は、まさに『教えない教え』という本を出しているし、落合博満（ロッテほか）は著書『コーチング』の中で、「コーチは教えるものではない。見ているだけでいいのだ」と語っている。

指導者は答えを言ってはならない。部下が困って聞いてきたときに的確なアドバイスを施せばいい。ただ教えることは「ティーチング」であり、導くことこそ「コーチング」なのだ。

権藤　博（ごんどう・ひろし）投手
●（38年生まれ）佐賀・鳥栖高→ブリヂストンタイヤ→61年中日（〜68年）
●210試合　82勝60敗
●新人王、最多勝2回、防御率1位1回、ベストナイン1回
●監督成績　98〜00年横浜（リーグ優勝1回、日本一1回）通算219勝186敗

地位が人を育てる

新庄剛志の第一印象は「打撃以外は一流」。つまり肩と足は傑出していた。バックホーム時のコントロールはよくないが、「バカ肩」と言って過言でないほどの強肩だった。

99年、私は阪神監督に就任。新庄は人気抜群で、よきにつけあしきにつけマスコミやファンの耳目を集めた。そんな新庄に、私は前年秋季キャンプから「投打二刀流」を提案した。投手心理を打撃に生かして打者としてひと皮むけさせようと考えた。

それ以上に一番の狙いは、気分よくプレーさせるということ。性格的に管理、強制、理づめで動くタイプではない。本人の好きなように自由にやらせたほうが責任感を持つようになる。マウンドの傾斜で左ヒザを痛めたこともあって、「投手・新庄」はオープン戦までで終了となったが、結果は大成功である。

この年、槙原寛己（巨人）から敬遠球をサヨナラ打したことがあった。このへんは、正直、つかみどころのない性格で、私が新庄を「宇宙人」と表現したゆえんである。

翌00年は開幕から四番にすえた。新庄に「おまえは何番を打ちたいんだ？」と訊ねたら、「それは四番ですよ」と答えた。それで、四番を任せてみたのである。

「地位が人を育てる」とはよく言ったもので、人はその役にふさわしい人物になろうと努力するものだ。その年の新庄は打率・２７８、28本塁打、85打点と、三部門で自己最高、チーム三冠王の数字をマークした。

ＦＡ権を取得した新庄は、01年から日本人野手初のメジャー入りを果たす（オリックス・イチローも01年からマリナーズに）。翌02年は日本人初のワールドシリーズを経験。そして04年日本球界に復帰し、日本ハム入り。

私は06年から楽天監督を務めるが、その06年がＳＨＩＮＪＯ（登録名）の現役最終年だった。日本シリーズ、左中間に飛んだ最後の飛球を左翼・森本稀哲がつかみ日本一。そのまま新庄と抱き合って有終の美を飾った。

阪神時代は自分のことしか考えられなかった新庄だが、メジャーで「フォア・ザ・ファン」の精神に触れ、日本ハム時代はパ・リーグ全体のことを考える大人の言動になっていた。

ゴールデングラブ賞は10回（阪急・福本豊12回、西武→ダイエー・秋山幸二11回に次ぎ、広島・山本浩二らとともに外野手歴代3位タイ）。はじめから「超一流」の守備はともかく、日米通算１５２４安打、２２５本塁打は、第一印象からすれば「地位が人を育てた」と言えるまずまずの数字だ。

もっと昔、私が早くからクリーンアップに起用した門田博光（南海ほか）は、王貞治（巨人）868本塁打、私657本に続く、歴代3位の567本を放った。

西本幸雄監督は、81年オールスターで当時ロッテの落合博満をパ・リーグ四番に抜擢すると、落合はその年に初の首位打者、翌82年は三冠王に輝いた。地位が人を育てるのだ。

本人の力量より少し上の役職を与えると、人間はいい意味で背伸びして、自覚と責任感が芽生え、いつの間にかその役職にふさわしくなるものだ。言うなれば「抜擢」である。

新庄剛志（しんじょう・つよし）外野手
●（72年生まれ）福岡・西日本短大付高→90年阪神→メッツ→ジャイアンツ→メッツ→日本ハム（～06年）
●1411試合　1309安打　打率・254　205本塁打（日本）
303試合　215安打　打率・245　20本塁打（米国）
●ベストナイン3回、ゴールデングラブ賞10回

技術習得には、「形態模写」「自分流」そして「執念」

野球の「打撃フォーム」には「軸回転打法」と「体重移動打法」の2通りある。

一つは、重心を「後ろ側」の足にかけて「軸回転」させて打つ一般的な打ち方（山本浩二＝広島、落合博満＝ロッテほか、松井秀喜＝巨人ほか、山川穂高＝西武）。

もう一つは、「テニス打ち」。テニスのスマッシュをイメージするとわかりやすい。重心を「後ろ側の足」から「前側の足」に「体重移動」させて打つ（若松勉＝ヤクルト、原辰徳＝巨人、古田敦也＝ヤクルト、イチロー＝オリックスほか）。

私は捕手だから幸いにして打席の間近で感覚がつかめる。だからプロ入り当初、形態模写をやってみた。

まず私より2歳上、「怪童」の異名を取った中西太（西鉄）さんの「体重移動打法」。しかし、どうもしっくりこない。次は3歳上、「シュート打ちの名人」と呼ばれた山内一弘（毎日ほか）さんの「軸回転打法」。バットを持つ両手グリップをグルグル回転させるなどして、上体はリラックス。重心を置いた「後ろ側の足」を軸としてクルリと体を回転させる。

「よし、オレは山内流だ」

私はプロ4年目の57年、オールスター初出場。別チームの選手と気軽に話せる絶好の機会だ。先輩お二人はのちの監督業を退いたあとも打撃コーチにいそしんだほどの「教え魔」だ。山内さんなど、「教え出すとやめられない、止まらない、かっぱえびせん」と呼ばれていたし、雑誌のプロ野球選手名鑑には「趣味／コーチ」と載っていたほど。

「カーブって、どういうふうにして打てばいいんですか」

中西さんいわく「だんだん打てるようになるものだ」。

山内さんいわく「まあ経験だな」。

さて、パ・リーグ本塁打王は、中西さんが53年から56年まで4年連続のタイトルに輝いていた。57年に私が初の本塁打王。58年中西さん、59年・60年は山内さん、61年から私が8年連続。パ・リーグの優勝チームも、本塁打王のタイトルに連動するかのように58年西鉄、59年南海、60年大毎、61年南海と移る。

私が引退後、神宮の室内練習場で山内さんに遭遇した。やはり誰か選手をコーチしていた。

「山内さん、今さらですが、あのときはものすごく、つれなかったですね」

「プロ野球は競争社会。ライバルに教えるわけないだろ。今なら教えてやるよ（笑）」

かくいう私も、選手に打撃の考え方は教えるが、打撃フォームなどの打撃技術の指導は施さない。人間打てないと「監督の教えられた通りにやったのに打てなかった」と、逃げ場を求めるからだ。とくに打撃技術は自分で悩み考え、苦労して会得しないと身につかない。

私はライバル稲尾和久（西鉄）を打つために、当時珍しい16ミリフィルムで稲尾を撮影してもらった。球種のクセを見つけるまで苦労した。コツなんぞない。フィルムが擦り切れるほど、目を皿のようにして見た。「絶対見破って打ってやる」という執念だった。

技術を習得させるには、真似や形態模写から入らせ、プラス自分流を組み合わせるのがよい。そこに「執念」があるかないか。それが大事。一流へ脱皮できるか否かの境目である。

リーダーは、自らの技術を確立しようとしている者を、粘り強く応援してほしい。少なくとも、リーダーのほうから先に諦めてはいけない。

山内一弘（やまうち・かずひろ）外野手

●（32年生まれ）愛知・起工高→川島紡績→52年毎日・大毎→阪神→広島（～70年）

●２２３５試合　２２７１安打　打率・２９５　３９６本塁打

●ＭＶＰ１回、首位打者１回、本塁打王２回、打点王４回、ベストナイン10回

●監督成績　79～81年ロッテ　84～86年中日　通算３３６勝３１３敗

大事なことは、最後に伝える

レギュラーは1試合にだいたい4回打席に入る。1打席ずつ個別ではない。1打席目から4打席目まで連動している。

たとえば打者Aの1打席目が5球で終わったとする。投手も打者も、結果が安打でも凡打でも、初球から5球目まですべてを覚えている人は、ほぼいないだろう。それでも最後の球種だけは印象深く残っているはずだ。

たとえば、前の打席の最後にカーブを安打された、カーブで三振した。その最後の球（結果球）を伏線にして、次の打席の1球目に何を投げさせるかを、捕手が決めるのだ。このリードが上手かったのが、92年・93年・97年の日本シリーズで対戦した伊東勤（西武）だ。

【問題1】――1打席目、カーブを投げさせて、いい当たりの安打をされたとする。2打席目の1球目は？

【打者】「すでに安打したのだから、カーブだけは来ないはずだ」

【捕手】「打者はそう思っているだろうから、2打席目の1球目に、そのカーブを投げさせると打者は面食らう。90パーセント以上は見逃しストライクを取れる。

以後は打者に『カーブが2球目以降もありうるな』と思わせておいて、次からはもう投げさせない」

【問題2】——2打席目の最後に、速いストレートを投げさせて、アウトに打ち取ったとする。3打席目の1球目は？
【打者】「さっき打ち損じた速いストレートをきっと何球も投げてくるに違いない」
【捕手】「打者がそう注意しているところに、ストレート以外の別の球種だけで対戦する。打者はストレートを待っている間に簡単に2ストライクに追い込まれてしまう。
要するに、『最後の球（結果球）』は、『次の打席の1球目』につながっている」

この捕手のリードの話を知った学校の教員が私に言った。

「野村監督、教育心理学でも同様のことが証明されているんですよ」

昔のある教育実験で、実験者がリストの中から15の単語を生徒に読み上げた。そのあと、覚えていた単語を書き出させると、最初と最後の単語の記憶成績が明らかによいという結果が出たらしい。

最初の部分を覚えていることを専門的に「初頭効果」、最後の部分を覚えていることを「新近性効果」と呼ぶそうだ。

「だから覚えてほしいことは、授業の最初か最後に伝えるのです。そして次の授業の最初には、前回の授業のおさらいを簡単にするべきです」

野村野球、教育心理学的にも理にかなっている。

リーダーが部下に対して大事なポイントを伝えるときは、頭と心に残るように一つのカテゴリーの最初か最後に伝えるべきだ。そうすれば、確実に次につながっていく。

伊東　勤（いとう・つとむ）捕手

●（62年生まれ）熊本工高→埼玉・所沢高→82年西武（～03年）

●２３７９試合　１７３８安打　打率・２４７　１５６本塁打

●ベストナイン10回、ゴールデングラブ賞11回

●監督成績　04～07年西武（リーグ優勝１回、日本一１回）　13～17年ロッテ
通算６２６勝６２５敗

自分のノウハウを押しつけない

私が南海の監督に就任して2年目の71年に、二塁手としてレギュラーを獲得したのが高卒5年目の桜井輝秀である。私は、この桜井については申し訳ないことをしたという思いが強い。

桜井の守備力は平均以上だったが、打撃は非力だった。そこで、狙い球を絞って打つ方法を取らせたのである。

大して深い考えがあったわけではない。監督だった私が、狙い球を決めて打つことを得意にしていたことから、適切なアドバイスもできるし良いのではないか、と考えたのだ。

何を狙い球にするのか、最初は桜井に自分で考えさせていたのだが、経験不足もあってうまくいかず、もっぱら私を含めた首脳陣が狙い球を絞って、彼に伝える方法を取った。それなりに結果が出て、桜井はフル出場に近い働きで、打率・260から・280をマークするようになった。

しかし、落とし穴は意外なところにあった。私が南海を退団して、彼に狙い球を教える人間がいなくなると、まったく精彩を欠くことになった。桜井は、相手の配球を考えたり、投手のクセを見破ったりといった作業が、自分の力ではできなかったのである。

「一球に狙いを定める」のは、ヤマ勘ではない。克明なデータの収集や分析が要求される。あるいは、投手の細かい動作も見落とさず、特定の球種を投げるときにクセが出ないかを見る。地道な作業が必要で、何をデータとして収集するかという能力も必要になる。

桜井は、そういったことを得意とするタイプでなかった。たとえば、左翼線や右翼線に痛烈なファウルを飛ばす。「惜しかった」という直後には、どんな球種がくるのか。タイミングをはずされて空振りした後は、どうなのか。カウントが1ボール－1ストライク後の球がボールになった。次の球は何か。

投手によって、あるいは捕手によって、さまざまな傾向があるものだ。それをチェックして、狙うべき一球に集約していく。それでも、はずれることがあるし、狙いが当たっても打ち損なうことだってあるのだ。

私は細かいデータを集め、考えることが好きだった。しかし、桜井は、その手の種類の思考は苦手だったのだ。

それを考えもしないで、自分がやっているからと押しつけたところに失敗があった。自分が成功するから、他人も成功するとは限らない。やれるはずだと考えてしまうこと自体、傲慢というべきだろう。

そのとき、本当に桜井に合った方法論を見つけてやることができていたら、彼の進んだ道はもっと違うものになっていたかもしれない。「教える」ということは、実に難しい。

自分のやり方以外に正解はないと言わんばかりに、自己流を部下に押しつけていないか。そうすることで、せっかくの可能性がしぼんでしまうこともある。何事も、押し付ける前に相手の適性を考える必要がある。

桜井輝秀（さくらい・てるひで）二塁手
●（48年生まれ）兵庫・洲本実高→67年南海（〜82年）
●1041試合　849安打　打率・255　29本塁打
●ベストナイン1回　ダイヤモンドグラブ賞2回

思考が人生を決定する

阪神時代は3年連続最下位だから、勝ちパターンのストッパー登板までなかなか試合を持っていけなかった。

00年は「葛西・遠山スペシャル」というワンポイント継投を考え出した。苦肉の策だった。2人を交互に一塁を守らせて、右打者には右アンダースローの葛西稔を、左打者には左サイドスローの遠山奨志を、交互に投げさせるのだ。

遠山はドラフト1位で阪神に入団し、高校出1年目に先発8勝。同期入団のあの桑田真澄（巨人）は1年目2勝だった。

しかし、遠山は翌年故障。高橋慶彦（広島→ロッテ）とのトレードで91年ロッテ移籍。95年打者転向。「投手」より選手寿命が長い「打者」を一度は選んだ。96年イースタン最多安打。98年古巣の阪神にテスト入団。そのとき投手として入団したのだから、自分の「最大の特長」を自覚していたわけだ。その「思考」が結果的に遠山のプロ野球人生を好転させた。

私は遠山に話した。

「左投手は有利なんだ。左の130キロは135キロの価値がある」

「左投手には先発、中継ぎ、ワンポイントリリーフ、抑えと4つの役割がある。まずワンポイントリリーフからスタートしよう」

「ストレートとスライダーしかないなら、シュートを覚えてみろ」

「左投手はオーバースローがダメならスリークォーター、それがダメならサイドスロー、さらにアンダースローにすればいい。シュートを覚えるなら、サイドスローがいい」

巨人戦で「松井秀喜キラー」「高橋由伸キラー」として重宝した。内角シュートで松井の懐（ふところ）をえぐり、あの松井をして「（遠山さんの）顔を見るのも嫌」と言わしめた。

99年5月22日の巨人戦では10年ぶりの白星も挙げ、カムバック賞も受賞。翌00年にはオールスター・ゲーム初出場を果たした。

その99年からの3年、63試合・54試合・52試合に登板した。

自分が「生き残る道」は何かを考えさせる。考えないより考えたほうがいいに決まっている。「他人が持っていない何か」「特長」。それを活かすにはどうすればいいのか。その思考が他者に差をつけ、自分を有利にする。

遠山奬志（とおやま・しょうじ）投手
●（67年生まれ）熊本・八代一高→86年阪神→ロッテ→阪神（〜02年）
●393試合　16勝22敗5S

第三章

組織と戦略

監督の仕事とは、「見つける」「生かす」「育てる」だ

プロ野球における監督は、一般企業で言うなら社長だ。しかも日本にわずか12人しかいない。口はばったいが、私は4社で社長を歴任したことになる。

私はいつも「借金」がある弱いチームを引き受けてきた。マイナスからのスタートだから、ゼロからの新チーム作りより、よほど難しい（南海4位→1位、ヤクルト4位→1位、阪神6位→6位、楽天6位→2位）。だから私の経験がビジネス界においても参考にされているのだろう。

「プロ野球の監督の仕事で、一番大変なことは何ですか」

会う人ごとに必ず聞かれる。

采配で言えば、投手の継投である。ただ、それ以前に、私は「監督の仕事」とは「気づかせ屋」だと考えている。

選手自身が気づいていない「潜在能力」を気づかせて、「顕在能力」に変えてやる。つまり、監督の仕事とは「見つける」「生かす」「育てる」だ。おかげさまで私は「野村再生工場」な

る評価を頂戴している。

「プロ野球で生きていくために持っている何か」を見つける。

会社にだって、何のために「人事部」があるのか。人材活用のためだ。

「再生の極意」の三本柱は「トレード、コンバート、意識改革」だ。ビジネスの社会になぞらえれば、さしずめ以下の通りである。

●「トレード」は、同業他社からの転職・中途採用
●「コンバート」は、他部署への人事異動
●「意識改革」は、研修

リーダーの仕事は、「見つける」「生かす」「育てる」だ。

その業界に入ってきたわけだから素質はあるはず。その「潜在能力」が何かを見つけて、生かし、育てて「顕在能力」に変えるのだ。

野村再生工場の代表的な選手たち

	トレード	コンバート	意識改革	新人育成
南海	江本、山内、松原	江夏、高橋博	藤原	木村保、佐藤道、藤田
ヤクルト	吉井、田畑、オマリー、小早川、辻	高津、飯田、土橋	川崎、宮本慎	伊藤智、石井一、古田、稲葉
阪神	成本	遠山、葛西	井川、矢野	福原、赤星
楽天	鉄平	福盛、草野	山﨑武	田中、永井、渡辺直

適材適所は能力に勝る

打者には「捕手」「内野手」「外野手」のポジションがあるように、投手も「先発」「中継ぎ」「抑え」というポジションがあると私は考える。大事なのは「適材適所」――どの「ポジション」に向いているかだ。

高津臣吾（ヤクルトほか）の成功の理由は、言うなれば「コンバート」である。一般社会ならば、配置転換、部署換え、人事異動ということだ。

91年に入団、92年は23試合登板中11試合に「先発」、うち3完投もマークしている。92年ペナントレース、ヤクルトは１３０試合目に阪神に勝って優勝。チーム69勝中5勝を挙げ優勝に貢献した高津だが、西武との日本シリーズの最中、ファーム教育リーグに参加。そのオフ、球団の優勝祝賀会の最中、高津は自らの不甲斐なさを思い、涙を必死にこらえていたという。

その92年日本シリーズ、高津と同期の岡林洋一が登板全3試合完投と孤軍奮闘。裏を返せば、確固たる抑えが不在だった、ということである。

なぜ高津を「抑え」に指名したか。抑え投手として絶対不可欠な3条件、「ピンチに動じないマウンド度胸」「絶妙なコントロール」を兼備していたから。すなわち、適性を見出したのである。残るは「落ちる球」が必要だ。

92年日本シリーズで対戦した西武の抑えが、高津と同い年の潮崎哲也。決め球は、高津と同じ右サイドスローから繰り出すシンカー（落ちるシュート）。打者の手元まで来るとフワッと一度浮き上がってから、右打者のヒザ元に沈む。

「あのシンカーを覚えてみい」

93年、抑え投手定着をめざした高津は、春のキャンプで、シンカーを武器にしたアンダースローの山田久志（阪急＝通算284勝＝最多勝3回、防御率1位2回）に教えを乞う。

高校出1年目の松井秀喜（巨人ほか）にプロ7打席目の1号本塁打を献上したが、その試合で高津自身も記念すべきプロ初セーブを挙げた。

2年続けて同じ顔合わせとなった西武との93年日本シリーズで、ヤクルトは雪辱を果たす。胴上げ投手となった高津は、ベンチ裏で号泣した。

その後、高津はスピードの違うシンカー3種類を操り、守護神として長く君臨する。

江夏豊（79年・80年広島、81年日本ハムで優勝）は「優勝争いのせめぎ合いの中で投げるセーブにこそ価値がある」と言っていたが、高津も日本シリーズで計4度の胴上げ投手になった（93年・95年・97年・01年。計11試合2勝8セーブ、防御率0・00）。

その後、メジャーのマウンドを踏んだ高津は、ワールドシリーズのチャンピオンリングも手に入れる。高津は「9回のスペシャリスト」として名球会入りも果たした。

とても優れた人材がふさわしくない場所で仕事をするよりも、多少能力が不足しても適性がある人材がふさわしい場所で仕事をするほうが、結果として大きな成果を挙げられる。長所を活かすための「適材適所」は、「能力」に勝るのである。

高津臣吾（たかつ・しんご）投手

●（68年生まれ）広島工高→亜細亜大→91年ヤクルト→米国・ホワイトソックス→米国・メッツ→ヤクルト→韓国・ヒーローズ→台湾・興農→ＢＣリーグ・新潟（〜12年）

●５９８試合　36勝46敗２８６Ｓ（日本）　99試合　8勝6敗27Ｓ（米国）

●最優秀救援４回（日本）

「戦略」と「戦術」を混同するな

菅野智之（巨人）は新人時代の13年の日本シリーズ、ペナントレース24勝0敗の田中将大（楽天ほか）に第2戦で敗れながらも、第6戦で雪辱を果たすなど、プロ入り当初から目を見張る実力の持ち主だった。１５０キロ超のスピードボールを絶妙なコントロールで操る。防御率1位を4回も獲得するなどスター街道を確実に歩んできた。

柳田悠岐（ソフトバンク）は15年に打率3割・30本塁打・30盗塁の、いわゆる「トリプルスリー」を達成した、走攻守三拍子そろうパ・リーグ随一の強打者である。フルスイングを常とし、「１００三振を超えながら打率・３５０以上」の首位打者を2回獲得している。

さて、「戦略」と「戦術」を説明するにあたり、この2人が日本シリーズで対戦したと仮定しよう。

日本シリーズは最大7試合のうち早く4勝したほうが日本一である。登板間隔をしっかり開ける現代野球では、先発投手は2試合しか投げられない。

そこで巨人首脳陣は文字通り「スペードのエース」である菅野を最大限に活用するために、

全試合登板できる可能性を秘めたストッパーで起用することにした。これが「戦略」だ――つまり、日本一を狙う巨人の「方針」である。

だから、もし菅野が第1戦のストッパーで打たれたとしても、「やはり菅野は先発だよな」と、第3戦と第7戦の先発投手に簡単に方向転換するようなことがあってはならない。「戦略」にブレが生じるからだ。方針は貫かなくてはいけない。部下が混乱してしまう。

そして、「戦略」を成功させるための具体的な「方法」が戦術だ。

柳田という打者は内角ストレートに強いという報告がスコアラーからあったとする。ならば、菅野をはじめ巨人投手陣は内角変化球で勝負するという方法を取るだろう。しかし、実際に対戦してみると「外角ストレートのほうが強いので、外角変化球で勝負しよう」と軌道修正。

これが「戦術」だ――つまり、戦略に伴う「戦う方法」の方向転換であり、問題ない。こちらはむしろどんどん修正すべきだ。

もっと言えば、「戦術」は、形があって見える準備（有形）。投げる、守る、打つ、走るといった技術的な部分だ。

一方、「戦略」は、形がなくて見えない準備（無形）。データ活用、読み、勘などで相手との実力差を埋めていく。有形の力に限界はあっても、無形の力は無限である。戦力不足を「無形の力で補って勝つ」のが、ノムラ野球の真骨頂。

采配には「正攻法と奇襲」を用いる。相手との力関係が同等以上の場合、「正攻法」で戦えばよいが、普通に戦ってもかなわないのなら「奇襲」を用いるのである。

「戦略」と「戦術」——つまり、「戦う方針」と「戦う方法」を混同してはならない。

戦う方針は貫くべきものであり、大前提が簡単に方向転換されると、部下が混乱してしまう。

「戦略」は見えない方針であり、「戦術」は見える技術である。

菅野智之（すがの・ともゆき）投手
●（89年生まれ）神奈川・東海大相模高→東海大→13年巨人
●176試合　87勝47敗
●MVP1回、最多勝2回、防御率1位4回、奪三振王2回、ベストナイン3回、ゴールデングラブ賞3回

安心感も「無形の力」

前項のように、私はしばしば、野球では「無形の力」が重要だと説いてきた。形があって見えるものが「有形」。これは、投げる、守る、打つ、走るといった技術的な部分を指す。一方、「無形」とは、データ活用、読み、勘。そして、分析力、先見力、ひらめき……といったもの。これらで相手との実力差を埋めていた。

有形の力には限界があるが、無形の力は無限にある。

たとえば「投手が捕手のサインに首を振ったあとの球種は何か」「あるいは同じ球種を何球まで続けるか」。スコアラーが調べたデータを活用すれば、成功する確率も高まる。

野球はどう考えても頭のスポーツだ。一球投げて休憩、一球投げて休憩。こんな休憩の多いスポーツは、ほかに何があるだろう。その間に「次の球に対する備え、準備をしなさい」と勝負の神様に言われているようなものだ。そうしたとき、「無形の力」を発揮できるかどうかが、勝負の分かれ目になることも多い。

ただ、私はそれらの力とは別の意味で「無形の力」という言葉を使うこともある。たとえば、「エースがチームに与える安心感」も、無形であり、勝負の重要な要素だと言える。

田中将大も、その力を身につけたと実感した試合があった。

日本最終年の、2013年7月の日本ハム戦。田中は日本ハム打線をわずか4安打に抑えた。私はサンケイスポーツの評論のためにスコアブックをつけながら観戦していたのだが、カウント2ボール－0ストライクとしたのはたった一度だけだった（2回の稲葉篤紀）。常に1球目、2球目にストライクを取り、自分のペースに巻き込んだ。1球目、2球目でストライクが取れると、そのあとはストライクゾーンを広く使って、ゆったりと投げられる。

これを支えるのは、外角低目のストレート。最も打者から遠く、最も長打にされにくい球だ。私が最も重視する、投手の原点であり、田中の体とフォームには「原点能力」がしみこんでいたと言えよう。

田中が「無形の力」まで身につけたのだなと唸ったのは、3回に2ランを放ったマギーの、試合後のインタビューを聞いたときだった。「マー君が投げているので、そんなに点はいらないとは思ったが……」

2回までの2点で十分だった——そう言わんばかりだった。

田中が先発した試合で打線の援護が多いのは、偶然や巡り合わせではない。田中なら抑えてくれると安心できるから、打線が攻撃に集中できるのだ。

逆に相手投手は点をやれない、点を取ってはくれない……と考え、普段の投球はできない。この試合で技巧派の武田勝が制球を乱し、甘く高く投げてKOされたのは、「無形の力」から来る力み以外の何物でもないだろう。

勝負の世界では、この種の「無形の力」が結果を左右することがよくあるが、ビジネスにおいても同様かもしれない。

「いける!」という思いや、安心感が得られるムード、雰囲気があるかどうかで、チームの成果が変わってくる。そのようなムードを生み出せる存在があれば、大変心強い。

ケーシー・マギー　三塁手
●（82年生まれ）ソケル高→カリフォルニア州立大フレズノ校→08年カブス→ブルワーズ→パイレーツ→ヤンキース→楽天→マーリンズ→ジャイアンツ→マーリンズ→タイガース→巨人（～18年）
●415試合　457安打　打率.298　67本塁打（日本）
●ベストナイン1回（日本）

仕事は、小さなミスを防ぐことから始まる

05年、創設1年目の楽天はガトームソンにノーヒットノーランを喫した（セ・パ交流戦のヤクルト戦＝神宮球場）。私が監督に就任する前の年だ。

そのときのことをコーチに尋ねると、「ガトームソンのグラブの角度で決め球のスライダーを投げるときのクセを見抜いていた」のだという。

それなのに、なぜ不名誉な記録を許すことになってしまったのか。

同じ年、西口文也（西武）のスライダーにも苦しめられ、9回終了時点で走者を1人も出すことができない完全試合ペース。延長戦でかろうじて安打を放ったということだ。これらは、ひとえに指示の徹底が甘かったのだ。

こうした甘さを防ぐのが、プロというものである。仕事は、小さなミスを防ぐことから始まるのだ。

私がヤクルト監督就任時、「1年目に種をまき、2年目に水をやり、3年目に花を咲かせてみせましょう！」と3年計画を立て、スローガンを打ち出した。

私の標榜したＩＤ野球（Ｉｍｐｏｒｔ　Ｄａｔａ、Ｉｍｐｏｒｔａｎｔ　Ｄａｔａ＝データ活用・重視）がナインに浸透し、チーム順位は5位・3位と上昇した（3年目に1位）。

「ＩＤ野球って何ですか？」

「当たり前の基本を、当たり前にプレーすることです」

あるとき選手がマスコミにインタビューされ、こう答えるのを聞いた瞬間、近い将来、必ず優勝できると確信したものだ。

私は、勝負事は「勝ちに不思議の勝ちあり、負けに不思議の負けなし」だと考える。この言葉、もともとは江戸時代後期の平戸藩主、松浦静山（まつらせいざん）の言葉である。勝つときは偶然の幸運で勝つこともあるが、負けるときは必ず負けた側になんらかの理由がある、という意味だ。

野球も同様である。小さなミスを防いで当たり前のプレーをこなしていれば、相手がミスで自滅して勝利が転がり込んできたなどという「不思議な勝ち」はあるものだ。逆に、負ける試合は明確な原因がある。敗因がないのに負けてしまったなどという「不思議な負け」はありえないのである。

そして、敗因は得てして「小さなミス」であることが多いものだ。その「小さなミス」を

起こさないようにすることが、リーダーの重要な役割である。

西口文也（にしぐち・ふみや）投手
●（72年生まれ）和歌山商高→立正大→95年西武（～15年）
●436試合　182勝118敗6S
●MVP1回、最多勝2回、奪三振王2回、ベストナイン2回、ゴールデングラブ賞3回ほか

不振のとき、チームをどう鼓舞するか

１９７３年のプレーオフは前期優勝した南海と、後期優勝した阪急の対戦だったが、前述した通り、南海はプレーオフ前まで、阪急に一つの引き分けを挟んで12連敗してしまった。

実力を比較すれば、圧倒的に阪急が上だった。西本幸雄監督のもと、「ミスターブレーブス」と呼ばれた長池徳士が自身最高の43本塁打を放って本塁打と打点の二冠王に輝き、加藤秀司が首位打者を獲得。福本が95盗塁で盗塁王となり、野手タイトル４部門を阪急で独占したのである。投げては、米田哲也と山田久志が二本柱で、米田は防御率のタイトルを獲得した。

南海はなんとか一矢報いようとしたが、まるで勝てなかった。戦力的な優劣に加えて、精神的な問題も大きく作用していた。

南海は、ともかく前期を制したことで、プレーオフ出場の権利をつかんだ。「どうにか格好はついた」という安心感が選手の間にあったと思う。逆に、阪急は名誉挽回とばかりに、前期の屈辱を晴らし、一気にプレーオフも勝って優勝と燃えていた。

「南海は、プレーオフに備えて〝死んだふり〟をしているんだろう」

マスコミから、こういった皮肉な質問を浴びたことも再三だった。しかし本当に、どうしても勝てなかったのである。

「これは、プレーオフどころじゃないな」

私は正直、絶望感にとらわれていた。だが、わずかに希望はあった。選手がプレーオフを迎えて「心を一つ」にしてくれれば、集中力が出るのではないか。対等とまではいかなくても、そこそこの試合にはなるのではないか。

そのためにはどうすればいいのか。リーダーとしてどう率いていけばよいのか。プレーオフまでの2週間から3週間というもの、そのことばかりを考えていた。

「プレーオフだから、恥ずかしい試合だけはやめよう」

まず、彼らのプロとして自尊心に訴えることから始めた。

「そうだよな。プレーオフも全部負けたんじゃ、みっともなくて街を歩けないなあ」

チームの中に、そんなムードが漂い始めたのを見計らって、

「何を言ってるんだ。勝機は十分にある」

と私は強気を前面に押し出した。選手が耳をそばだてるのが、手に取るようにわかった。

「たとえ力の差が大きくても、10試合も20試合も勝ち続けるのはそうあることではない。相

手だって、不安で、しょうがないんだ」

こう前置きして、阪急の各選手を分析したデータを提供した。「こんなふうにやっていけば、あるいはチャンスが出てくるのか……」。チームに、こういった空気が出てくれば、もう大丈夫だ。結果、阪急とのプレーオフを3勝2敗で制した。

不振や業績の悪さを〝仕方ない〟〝なるようにしかならない〟と思っている選手（社員）なんていない。誰だって勝ちたい、業績を上げたいと思っている。

不振のときに、諦めてはいけない。「ピンチを乗り越えられる」ということは、イコール「上昇に転じられる」ということだ。見方を変えれば、「ピンチは、チャンス」なのである。それが、リーダーの心構えというものである。

長池徳士（ながいけ・あつし）外野手
●（44年生まれ）徳島・撫養高→法政大→66年阪急（～79年）
●1449試合　1390安打　打率・285　338本塁打
●MVP2回、本塁打王3回、打点王3回、ベストナイン7回

リーダーの分身をつくる

投手が投げなければ試合は始まらないが、その前に捕手がサインを出さなければ投手は投げられない。言わば、捕手は「監督の分身」であり、「試合中の監督」なのである。

セ・リーグで実に8年連続（61〜68年）ベストナイン捕手に選ばれたのが、私より1歳下の森昌彦（巨人＝現・祇晶）。南海と巨人が日本シリーズで対決した年（61年・65年・66年・73年）を除き、パ・リーグ打者の情報を仕入れるため、日本シリーズ前、巨人・川上哲治監督の命令で私のところによく派遣されてきた。

「捕手の評価が低いよな。チームという扇の要の捕手の大切さを、2人で知らしめようや」

それから、ゆっくりとだが、着実に捕手の重要さは認知されていく。

73年、私はプレイング・マネージャー初優勝の美酒に酔った。巨人からトレード移籍の2人・山内新一が0勝からいきなり20勝、松原（福士）明夫（敬章）も0勝から7勝。東映から移籍の江本孟紀が0勝から（72年16勝）73年12勝。

山内は、スポーツ記者から質問の嵐、カメラマンからストロボの光を浴びせられる。

「セ・リーグの名捕手・森捕手（巨人）のリードと、野村捕手（南海）のリードの相違点は？」

その前に、まず私に言わせれば、性格が全然違う。家が経済的に恵まれなくて、大学進学を断念したのは共通項だが、私は浪費家、森は節約家になった。

だが、リードは違う。「やりくり」リードは私のほう。

図らずも、山内が、私たち2人を比較、なかなか的を射た分析だと思った。

「森さんは一流投手をリードするのが上手い、野村さんは僕らみたいな二流投手をリードするのが上手い」

森は巨人で藤田元司、堀本律雄、堀内恒夫、高橋一三（かずみ）ら、最多勝タイトル投手とバッテリーを組んだ。そして現役時代は川上監督の分身として11回（巨人）、コーチ時代は広岡達朗監督の懐刀（ふところがたな）として3回（ヤクルト1、西武2）、監督時代は6回（西武）と、日本シリーズ無敗。

時は流れ92年と93年の日本シリーズ、監督として相まみえたときは感慨深いものがあった。お互いの愛弟子（ヤクルト・古田敦也、西武・伊東勤）が名捕手になっており、野村と森の「分身対決」「代理戦争」とまで喧伝された頭脳戦の日本シリーズとなった。

92年は3勝4敗で後塵（こうじん）を拝したが、93年4勝3敗で雪辱。野村ヤクルトは、森の日本シリーズ連勝を20回でストップさせた。

チームの基盤を作るとき、監督の分身である捕手育成が手っ取り早い。ゴールデングラブ賞を古田は10回、矢野燿大（あきひろ）（阪神ほか）2回、嶋基宏（楽天ほか）2回。捕手が育てば投手も育つ。

リーダーの意思を忠実に広められる「リーダーの分身たる存在」を育てておくことは重要だ。そうすれば組織の基盤作りは、速く強く正確に、円滑に進む。

森　昌彦（祇晶）（もり・まさひこ／まさあき）捕手
●（37年生まれ）県岐阜高→55年巨人（～74年）
●1884試合　1341安打　打率・236　81本塁打
●ベストナイン8回
●監督成績　86～94年西武（リーグ優勝8回、日本一6回）、01～02年横浜　通算785勝583敗

新しく入ってきたメンバーには、はっきり期待を示す

「もし、この選手を出して他球団で活躍されたら、周囲から何を言われるか」

最近こそマシになったが、日本のトレード事情は、遅れていた。日本人気質と冒頭の意識が改革の邪魔をしている。メジャーリーグではエースや四番打者を平気でトレードに出し、チームのどこをどう変えたら強くなるかを本気で考えるのに。

となれば、捨てられたものを拾ってくるしかない。「使わないのならください」と。それをどう修理してやればプロで働けるようになるか、そんなことばかり私は考えていた。

71年オフ、江本孟紀の東映から移籍は、降って湧いたような話だった。田宮謙次郎監督（東映）からある朝、電話がかかってきた。

「君の控え捕手の高橋博士、譲ってくれないか。野村君がいたら、どうせ試合に出られないだろう。投手なら宮崎昭二（現役14年間で通算38勝。67年には12勝）はどうかな？」

「う〜ん、2〜3日、考えさせてもらえませんか」

実は私の頭には、すぐに江本の姿が浮かんでいた。敗戦処理で登板した新人を見て、面白

い投手だなと思っていた。あの背丈と手足の長さ、投手らしい体型が魅力だった。ただ即答すると田宮監督が「そんなにいい投手なら、やめておこう」と渋ると思ったのだ。

江本は高卒時、西鉄ドラフト4位指名を拒否。法政大では通算14試合で6勝。同期には東京六大学最多48勝の山中正竹、1年先輩に田淵幸一がいた。熊谷組を経て、ドラフト外で東映に入団していた。3日後の電話で、2対1の交換トレードが成立した。

「手足の長いノーコン投手がいましたよね。何て名前だっけ」

「本当に江本でいいの？　今年入ったばかりだけど、1勝もしてないよ。高橋博士と1対1じゃ天秤にかからないから、佐野嘉幸（よしゆき）をつけるよ。遊撃・二塁を守れるから」

入団した江本に、私は言った。

「お前、オレが受けたら、10勝以上するぞ」

そして、背番号16のユニフォームを渡して、「これ、エースナンバーだから。10勝以上するとウチではエースだから、先にエース番号を付けておけ」と言った。

その瞬間、江本は「背中に電気が走ったような」衝撃を受けたそうだ。

江本はスリークォーター気味の投球フォームで、本人は決め球のフォークを「エモボール」と言っていたが、そんな格好をつけたことの言える段階の投手ではなかった。

球威はあって、よく言えば本格派だが、四死球が多かった。狙ったところに投げられない。投球の組み立ては、私がストライクゾーンのド真ん中に構え、投球を四方に勝手に散らせた。

・71年　26試合0勝4敗　60・2回　61安打　35四球　29三振　防5・04
・72年　38試合16勝13敗　237・1回　205安打　118四球　115三振　防3・03
・73年　34試合12勝14敗　217・1回　167安打　85四球　95三振　防2・73

パ・リーグが前期・後期制を導入した翌73年は、12勝を挙げ前期優勝に貢献、阪急とのプレーオフ第5戦で胴上げ投手となった。

新しく入ってきた人間には、明確な期待を示してやると本人のモチベーションも上昇し、自覚も生まれ、結果を残すことが多い。前の職場でくすぶっていた人間なら、なおさらだ。

江本孟紀（えもと・たけのり）投手
●（47年生まれ）高知商高→法政大中退→熊谷組→71年東映→南海→阪神（～81年）
●395試合　113勝126敗19S

「ああ言えばこう言う」人物に対する人心掌握術

「十年ひと昔」。ジェネレーションギャップというのは、どの時代にも必ずあるものだ。「今の若い者は……」「オレの若いころは……」と思ったら、そこで話は終わってしまう。サラリーマン諸氏も経験がおありのはず。年齢がひとまわり下だと、もはや価値観が違う。

私（35年生まれ）のプレイング・マネージャー就任は、青年とも言える35歳のとき。理路整然と説明しても、若手選手は馬耳東風、はなから言うことなど聞きはしなかった。

しかも、プロ野球界は、ひとクセもふたクセもあるような個性的なヤツの集まりだ。とりわけ手を焼いたのが門田博光外野手（48年生まれ）、江本孟紀投手（47年生まれ）、江夏豊投手（48年生まれ）。江本と江夏は交換トレードだから3人が一緒にそろった時代はないが、私は心の中でひそかに「南海ホークス悪人トリオ」と呼んでいた。

右と言えば左、左と言えば右。ああ言えばこう言う。のちに江本が『エモやんのああ言えば交遊録』なる本を出版したが、言い得て妙。まさに江本にぴったりのネーミングである。

さて、門田は公称170センチ。実際の身長は168センチくらい。小柄だから他人に負けたくない気概が身体から満ちあふれていた。

「安打の延長が本塁打や。ブンブン振り回さないで、コンパクトにジャストミートせい」

「あんなに本塁打を打つ監督は、本塁打を狙っているはずなのに。他人にはそう言うのですか」

私は困り果て、巨人とのオープン戦の練習で、門田を王貞治に引き合わせた。

「ワンちゃん（王）は本塁打を狙って打っているの？」

「まさか。ノムさんこそ狙っているんですか？」

「この門田が、本塁打を狙って振り回すんや」

「打撃とはそういうものではないよ、門田君。そうですよね、ノムさん」

するとと門田は、

「野村監督は、王さんと口裏を合わせている」

もう取りつく島もない。だから、あるときダメ元で言ってやったのだ。

「もっとブンブン振り回していいんやぞ」

不思議なものだ。意固地で天邪鬼（あまのじゃく）な門田は、そう言われると逆にシャープなスイングで、遊撃頭上をライナーで越す安打を放った。

「人の取扱説明書」なる便利なものはない。イソップ寓話の「北風と太陽」ではないが、押してもダメなら引いてみるの精神だ。その人、その人に対してTPO（TIME＝時　PLACE＝場所　OCCASION＝場合）を使い分ける。監督としての人心掌握術なるものを「やんちゃトリオ」から学ばせてもらった。以後、何か問題が起きようと、彼らを手がけた経験値と比較すれば屁でもない、と心の余裕につながった。

思えば私は、軍隊帰りの先生に連帯責任で殴られた小学校時代のトラウマから、監督就任後も鉄拳制裁はしないことを心に決めている。

どの時代、どの職場にも天邪鬼な人物は存在するものだ。そういう人物には、わざと逆の指示をしてみるのも一つの手である。

門田博光（かどた・ひろみつ）外野手
●（48年生まれ）奈良・天理高→クラレ岡山→70年南海→オリックス→ダイエー（〜92年）
●2571試合　2566安打　打率.289　567本塁打
●MVP1回、本塁打王3回、打点王2回、ベストナイン7回ほか

心に刺さる「口説き文句」を考える

プロ野球界には、ときに大スター選手のトレードがあるものだ。

忘れもしない75年オフのこと。自宅の電話のベルがけたたましく鳴った。

「吉田監督（義男＝阪神）。こんなに朝早く、何事ですか」

「トレード話。江夏、いりまへんか」

「江夏という苗字の選手が2人おるんですか？（笑）」

「あの大投手の江夏豊でんがな。手に負えんわ。ノムさんならうまく使いこなすやろ」

72年23勝、73年24勝、74年12勝、75年12勝。勝ち星は半減していたが、それでも入団以来9年連続2ケタ勝利だ。球団社長に話をした。

「その話、ぜひ乗ろうやないか。だが、タダじゃくれんやろ」

「江本をくれって言うて来てます」

江本孟紀はその時点で4年連続2ケタ勝利の南海のエースだが、もともと東映の0勝投手だ。球団は江夏の「人気」が欲しかった。オープン戦の予告先発で超満員。早くも元を取った。

とはいえ、江夏は血行障害となり、50球投げると握力低下、球をうまく握れない。

「オレは麻雀パイより重い物を握ったことがないからな」

リハビリどころか、ユニフォームを脱ぐと麻雀ばかりしている。

「豊よ、球数の少ないリリーフ専門に転向しないか」

かつてのスピードはまったくないが、50球までは投球術で打者を十分抑えられる。

「阪神から南海にトレードされただけでも都落ちなのに、リリーフ投手をやれ、だと。先発じゃなければ投手じゃない。オレに2度も恥をかかせる気か」

「南海というチームをなめるなよ。それに大リーグだって、先発・中継ぎ・抑え、と分業制が確立している。豊がリリーフの分野で日本球界に革命を起こしてみろ」

「カクメイ？　革命か……。わかった、やる」

革命という言葉が、プライドの高い江夏の琴線に触れたのだろう。

放っておいてもマスコミが書いてくれる王・長嶋がいる巨人のセ・リーグと違って、私のプレイング・マネージャー時代のパ・リーグは、閑古鳥（かんこどり）が鳴いていた。

だから、私は「球団の宣伝部長」も兼ねていた。マスコミに取り上げられるべく、普段から語呂合わせや韻（いん）を踏んだキャッチコピーに頭をひねった。新聞記者が記事にしやすいようにコメントを出していたのが、とっさの場面で役立った。

例えば、支持するかしないかは別として、小泉純一郎・元総理大臣の話は、簡潔でわかりやすかった。だから人気があったのだろう。

江夏は77年「最優秀救援」パ・リーグ1号、移籍した広島で79年日本でリリーフ投手初のMVP。81年日本ハムの19年ぶり優勝に貢献、初の両リーグMVPを獲得した。

リーダーの指示で部下は動く。心に響く言葉を考えよ。ときには「おまえしかいないんだ」という趣旨の口説き文句を伝えたほうがいい。

江夏　豊（えなつ・ゆたか）投手
●（48年生まれ）大阪学院大高→67年阪神→南海→広島→日本ハム→西武（〜84年）
●829試合　206勝158敗193S
●MVP2回、最多勝2回、防御率1位1回、奪三振王6回、最優秀救援5回、ベストナイン1回

超一流に大成するにはB型が向いている?

私は、選手を以下の4タイプに分類している。

（1）不真面目な劣等生（2）真面目な劣等生（3）不真面目な優等生（4）真面目な優等生

「不真面目な劣等生」は、誰が考えても困りものだ。

結果を出してくれる「優等生」であれば、不真面目であろうと真面目であろうと構わないが、土壇場においては、萎縮（いしゅく）しそうな「真面目な優等生」より、細かなことにこだわらない「不真面目な優等生」のほうが、実力を発揮できる気がする。単に私の印象にすぎないのか。

さて、もう40年も昔になる。血液型による性格分析の本がベストセラーになった。

野球で言えばピンチやチャンス、いざというときにこそ持って生まれた血液型の性格がプレーに出る。若い女の子顔負け、私の血液型占い好きは、ここに行きつく。

「（江夏）豊よ、お前、B型、O型、どっちや？」

「オレはAや」

「ウソつけ」と思わず苦笑すると、江夏は翌日わざわざ医者に行って証明書を持参した。「ほらAや」。大胆かつ繊細な投球術。繊細な部分は、やはりA型なのだろう。

【一般的な血液型による性格分析】
・A　型（40％）真面目、コツコツ型、几帳面。
・B　型（20％）リーダー的存在、お天気屋、マイペース。
・O　型（30％）自信家、負けず嫌い、大ざっぱ、親分肌。
・AB型（10％）二面性、理想家、能率的、防衛本能が強い。

私は試しに、超一流選手の証である「名球会」選手の「血液型」を調べてみた（注／投手で通算200勝か250セーブ、打者で2000安打。厳密に言えば昭和以降の生まれ）。一般人の血液型の絶対数で40％を占めるA型なのに、名球会メンバーには少ない。立浪和義（中日）、柴田勲（巨人）、荒木雅博（中日）。コツコツと安打を積み重ねた選手たちだ。

圧倒的に多いのはB型。「400勝投手」金田正一（巨人）、「神様」稲尾和久（西鉄）、「トルネード投法」の野茂英雄（近鉄ほか）、「スーパースター」イチロー（オリックスほか）、「世界の盗塁王」福本豊（阪急）、「ミスタープロ野球」長嶋茂雄（巨人）、「無冠の帝王」清原和博（西武ほか）、「強肩強打のメガネ捕手」古田敦也（ヤクルト）ら、爆発的な活躍をした選手や、豪傑が名を連ねている。

結論。プロ野球選手として大成する「不真面目な優等生」はB型、もしくはO型だ。私？　B型だ。いい加減な性格だから（笑）。

有事、土壇場で爆発力を発揮するのは「不真面目な優等生」。ここその場面で頼りになる。血液型で言えばB型かO型か？　血液型を把握しておき、仕事ぶりを見てみるのも面白い。

勝利／セーブ数　投手名（日本最終球団）血液型

（※メジャーリーグ経験者は日米通算の勝利数）

（1）400勝　金田正一（巨人）B　通算勝利・奪三振1位

（2）350勝　米田哲也（近鉄）AB　通算勝利・登板数・奪三振2位

（3）320勝　小山正明（大洋）A　両リーグ100勝は史上唯一

（4）317勝　鈴木啓示（近鉄）O　通算無四球完投試合1位

（5）310勝　別所毅彦（巨人）不明　1947年にシーズン47完投（日本記録）

(6)　303勝　スタルヒン（トンボ）不明　39年にシーズン42勝（日本タイ記録）
(7)　284勝　山田久志（阪急）O　投手唯一、3年連続MVP
(8)　276勝　稲尾和久（西鉄）B　61年にシーズン42勝（日本タイ記録）
(9)　254勝　梶本隆夫（阪急）B　200勝以上の投手で唯一の負け越し
(10)　251勝　東尾　修（西武）O　強気の投球で通算与死球数1位
(11)　237勝　野口二郎（阪急）不明　42年に延長28回完投を記録（日本記録）
(11)　237勝　若林忠志（毎日）不明　28歳でプロ入り後237勝
(13)　224勝　工藤公康（西武）O　防御率1位を4回獲得（左腕投手では1位）
(14)　222勝　村山　実（阪神）A　70年に戦後唯一となる防御率0点台を記録
(15)　221勝　皆川睦雄（南海）AB　最後の30勝投手（68年）
(16)　219勝　山本　昌（中日）AB　2015年に史上最年長登板（50歳）
(17)　215勝　杉下　茂（毎日）O　54年に五冠（勝利、勝率、防御率、奪三振、完封）
(17)　215勝　村田兆治（ロッテ）AB　フォークを武器としていたため通算暴投1位
(19)　213勝　北別府学（広島）O　3度の最高勝率はセ・リーグタイ記録
(20)　209勝　中尾碩志（巨人）不明　通算勝利数は巨人2位
(21)　206勝　江夏　豊（西武）A　68年に401奪三振（日本記録）

(22) 203勝　堀内恒夫（巨人）O　66年、セ・リーグ記録となる開幕13連勝を記録
(22) 203勝　黒田博樹（広島）B　メジャーリーグ通算79勝は日本人2位
(24) 201勝　平松政次（大洋）O　甲子園優勝投手で投手唯一の名球会入り
(24) 201勝　野茂英雄（近鉄）B　メジャーリーグ通算123勝は日本人1位
(26) 200勝　藤本英雄（巨人）不明　通算防御率1位（2000回以上）、50年に日本初となる完全試合達成
(27) 407S　岩瀬仁紀（中日）AB　通算登板数1位
(28) 381S　佐々木主浩（横浜）O　通算セーブ数（日米通算）2位
(29) 313S　高津臣吾（ヤクルト）A　日本・メジャー・韓国・台湾でプレー

全29人中、A型4人（17%）、B型5人（22%）、O型9人（39%）、AB型5人（22%）、不明6人

安打数　野手名（日本最終球団）血液型
（※メジャーリーグ経験者は日米通算の安打数）
（1）4367　イチロー（オリックス）B　日米通算安打1位

(2) 3085 張本　勲（ロッテ）O　500本塁打と300盗塁を記録した唯一の選手
(3) 2901 野村克也（西武）B　通算本塁打・打点2位
(4) 2786 王　貞治（巨人）O　通算本塁打世界1位
(5) 2705 松井稼頭央（西武）O　日米通算二塁打2位（1位はイチロー）
(6) 2643 松井秀喜（巨人）O　メジャーリーグ通算本塁打日本人1位
(7) 2566 門田博光（ダイエー）B　通算本塁打3位
(8) 2543 衣笠祥雄（広島）O　2215試合連続出場は日本記録
(8) 2543 福本　豊（阪急）B　通算盗塁・三塁打1位
(10) 2539 金本知憲（阪神）O　1492試合連続フルイニング出場は世界記録
(11) 2480 立浪和義（中日）A　通算二塁打日本1位（日米通算では5位）
(12) 2471 長嶋茂雄（巨人）B　現役17年すべてのシーズンでベストナインを受賞
(13) 2452 土井正博（西武）O　通算本塁打・打点パ・リーグ3位
(14) 2432 石井琢朗（広島）B　横浜大洋・横浜で通算安打2307本は横浜球団1位
(15) 2395 福留孝介（阪神）B　メジャーリーグ通算出塁率日本人2位（1位は松井秀）
(16) 2371 落合博満（日本ハム）O　三冠王3回
(17) 2365 青木宣親（ヤクルト）A　通算打率日本1位（4000打数以上）

(18) 2351 川上哲治（巨人）A 56年、史上初めて2000本安打を達成
(19) 2339 山本浩二（広島）B 536本塁打を放つ一方でダイヤモンドグラブ賞10回
(20) 2314 榎本喜八（西鉄）A 68年、史上最年少の31歳7か月で通算2000安打
(21) 2274 高木守道（中日）O 二塁手ベストナイン7回は最多タイ
(22) 2271 山内一弘（広島）A 通算396本塁打、外野手通算補殺日本1位
(23) 2254 井口資仁（ロッテ）O 日米通算295本塁打、224盗塁は二塁手として出色
(24) 2228 大杉勝男（ヤクルト）O 史上初の両リーグ1000安打・1000試合
(25) 2204 大島康徳（日本ハム）O 通算代打本塁打2位タイ（1位は高井保弘）
(26) 2203 新井貴浩（広島）B 2016年、セ・リーグ史上最年長の39歳でMVP
(27) 2173 若松　勉（ヤクルト）B 通算打率日本1位（6000打数以上）
(28) 2171 内川聖一（ソフトバンク）B 右打者でのシーズン最高打率・378（2008年）
(29) 2167 稲葉篤紀（日本ハム）O 仕えた監督全5人で計7回の優勝に貢献
(30) 2157 広瀬叔功（南海）A 通算盗塁日本2位、シーズン外野手353守備機会は日本記録
(30) 2157 秋山幸二（ダイエー）O シーズン40本とシーズン50盗塁をマークした唯一の選手
(32) 2133 宮本慎也（ヤクルト）O 通算408犠打は史上3位
(33) 2132 阿部慎之助（巨人）A 捕手で史上2人目の二冠王（1人目は野村）

(34) 2122 清原和博（オリックス）B 通算本塁打5位
(35) 2120 小笠原道大（中日）A 3割30本を9回マーク（王に次ぐ2位）
(36) 2119 前田智徳（広島）AB 通算打率・302は広島1位（4000打数以上）
(37) 2108 谷繁元信（中日）A 通算出場試合日本1位
(38) 2106 中村紀洋（DeNA）O 2001年、46本塁打と132打点で近鉄の優勝に貢献
(39) 2103 ラミレス（DeNA）A 外国人通算安打1位、本塁打2位（1位はタフィ・ローズ）
(40) 2097 古田敦也（ヤクルト）B 通算盗塁阻止率1位
(41) 2095 松原　誠（巨人）A 大洋で通算本塁打330本は横浜球団1位
(42) 2085 鳥谷　敬（阪神）B 通算安打2085本は阪神球団1位
(43) 2081 山崎裕之（西武）B 二塁手で通算270本塁打、ダイヤモンドグラブ賞3回
(44) 2064 藤田　平（阪神）O ベストナインを7回獲得（遊撃手6、一塁手1）
(45) 2062 谷沢健一（中日）B アキレス腱の故障を乗り越え80年首位打者（・369）
(46) 2057 江藤慎一（ロッテ）A 史上初のセ・パ両リーグ首位打者
(46) 2057 有藤通世（ロッテ）A 348本塁打はロッテ球団1位、282盗塁は3位
(48) 2055 加藤英司（南海）A 阪急黄金期を支え首位打者2回、打点王3回獲得
(49) 2050 和田一浩（中日）O 通算319本塁打は大学卒－社会人出身で最多

(50) 2045 荒木雅博（中日）A 二塁手ゴールデングラブ賞6回・378盗塁
(51) 2041 小久保裕紀（ソフトバンク）AB 大学卒で2000安打・400本塁打は史上4人目
(52) 2038 新井宏昌（近鉄）A 79年に打率・358、87年に・366をマーク
(53) 2020 野村謙二郎（広島）B 95年にトリプルスリー達成
(54) 2018 柴田 勲（巨人）A 通算盗塁セ・リーグ1位
(55) 2012 田中幸雄（日本ハム）O 95年、遊撃手としては史上2人目となる打点王獲得（1人目は葛城隆雄）
(56) 2006 駒田徳広（横浜）O プロ初打席で満塁本塁打
(57) 2000 福浦和也（ロッテ）B ドラフト7位・最終指名選手で唯一の2000安打

全57人中、A型17人（30％）、B型18人（32％）、O型20人（35％）、AB型2人（3％）

「ユーモア」も戦力である

プロ野球の1軍登録枠は29人。どんな意図で1軍選手を選ぶのか、順に述べてみよう。

【1】先発投手6人　【2】リリーフ投手7人　【3】捕手3人
【4】内野手4人　【5】外野手3人　【6】守備固め2人
【7】DH1人　【8】代打2人　【9】代走1人

だいたい、こんな順番で選んでいく。29人の中で、【1】~【5】で計23人は確定。残り【6】~【9】を控え選手6人で役割分担する。

【1】まず、プロ野球ペナントレースは6連戦単位で行われることが多いので、先発投手を6人選ぶ。

【2】リリーフ投手は計7人。だが、最初に9回に投げる「守護神」を選ぶ。それから「勝ちパターン」の8回に投げる投手、7回に投げる投手。

現代野球は左の好打者が多いので、左投げのリリーバーが1人は絶対に必要になる。残りの3人は、相手打者の目先を変える意味でも、右のサイドハンド投手などを選ぶ。大事なのは「キャラクターがかぶらない」ことだ。

【3】レギュラー捕手に代打を出して、第2捕手がケガをしたとき、その交代要員として第3捕手が必要となる。

【4】内野は4ポジションある。

【5】外野は3ポジションある。

【6】レギュラーでも守備に不安のある選手はいるので、内外野に守備固めを1人ずつ。

【7】パ・リーグはDH制があるので、DHに入る選手はレギュラーとなる。

【8】左右の代打1人ずつ。選球眼のいい出塁目的の打者と、一発逆転の長距離打者。

【9】9回1点ビハインド。足の遅い打者が出塁したら代走。快足を飛ばして同点を狙う。

控え選手にも、できれば「2つ以上の特長を持ちなさい」と指導してきた。例えば、「守備固めプラス代走」だ。

しかし、こうした枠では収まらない力が必要になってくることがある。それは、「ムードメーカー」である。なかなか走者が出せないなどでチームのムードが停滞しているときに、「一打」ではなく「一言」でチームの空気を変えることができる選手は貴重だ。

私の南海プレイング・マネージャー時代、大塚徹という選手がいた。左投手用の代打要員として72年にヤクルトから獲得した。

チームが負けていたりして雰囲気が暗いとき、こんな声を上げるのだ。

「監督でも打てないんだ、こりゃダメだ。よし、ダメ元で打ってみよう！」

大塚の臨機応変なユーモアセンスは抜群だった。大塚は「代打プラス、ムードメーカー」という二つの特長で、戦力となったのだった。

メンバーを選ぶときは、グラウンド上だけではなく、ベンチ内を盛り上げる人員のことも考える。ときには「ムードメーカー」が戦力になって勝つこともあるのだ。

大塚　徹（おおつか・とおる）捕手

●（45年生まれ）茨城・土浦三高→64年サンケイ・アトムズ・ヤクルト→南海（〜75年）

●502試合　178安打　打率・227　2本塁打

攻めることより守ることのほうが重要

「野球は投手だ」。落合博満（中日監督）もこう言っていた。三冠王監督2人が言うのだから間違いない。これまで八十年余のプロ野球で「打線優位」で優勝したのは「80年近鉄・猛牛打線」「85年阪神・猛虎打線」「01年近鉄・いてまえ打線」「03年ダイエー・チーム打率・297打線」「18／19年西武・山賊打線」延べ6チームしかない。

私はヤクルトで初優勝した92年秋のドラフト、選手補強を担当する片岡宏雄チーフスカウトから二者択一を迫られた。

「石川・星稜高の松井秀喜を指名しましょう。松井を獲れば、以後10年四番打者を心配しなくても大丈夫ですから。投手では、三菱自動車京都の伊藤智仁が、かなりいいです」

「私が90年にヤクルト監督に就任以来3年間、故障が多い投手陣にずっと悩まされてきた。野球は投手だ。そんなに伊藤智仁がいいと言うのなら、伊藤を獲ってくれ」

野球は、0点で抑えれば100パーセント負けないという単純な原理がある。10点取っても11点取られて負ける危険性がある。僅差で勝つのは胃が痛くなる思いだ。みんな楽をしたいという本能が働いて、攻撃型のチームを考える監督がほとんどだが、必死に守り、少ないチャンスで1点をもぎ取って、1対0で勝てるチームこそ、本当に強いチームだ。

それでなくても当時の巨人が誇る「先発三本柱」の槙原寛己、斎藤雅樹、桑田真澄に対抗するのは難しい。球団内の意思統一は紛糾したが、最後は、ドラフト会議の抽選で「黄金の左腕」の異名を取る相馬和夫球団社長の鶴のひと声で決まった。

「現場の野村監督の意見を尊重して、投手を指名しましょう」

広島、オリックスとドラフト競合の末、伊藤はヤクルトに入団する。

私が選んだ伊藤は確かに素晴らしい投手だった。私が打者として対戦した相手投手では稲尾和久（西鉄＝通算276勝）、捕手として投球を受けた味方投手では杉浦忠（南海＝通算187勝）、そして監督として起用した投手では伊藤がNO・1だ。

伊藤は通算わずか37勝25セーブ。2ケタ勝利は1度もない。それでも私の判断は大正解だと思っている。伊藤の代名詞の「高速スライダー」は133キロ前後で鋭角に2段階で曲がる感じだ。私の六十年余のプロ野球生活、あんなスライダーを投げられたのは伊藤だけだ。

伊藤は93年、肩痛で途中リタイヤするが、前半戦の活躍だけで新人王を獲得。2ケタ本塁打（11本＝セ・リーグ高卒新人最多）の松井を抑えての受賞。先発12試合、7勝のうち完封4、防御率0・91。109イニングで投球回を上回る126奪三振。1試合16奪三振。
97年は守護神・高津臣吾の調子が芳しくなく、伊藤を抑えに起用したら7勝19セーブ。ヤクルト監督時代、92年・93年・95年・97年と優勝したが、93年と97年日本一に大貢献してくれた。

利益を増やすには、2パターンしかない。売り上げを上げるか（打撃陣）、支出を抑えるか（投手陣）。どちらがより確実なのか。相手に左右される営業は難しい。そうであれば、まずは余分な支出を抑えて堅実な経営をすることを第一にめざすべきである。

伊藤智仁（いとう・ともひと）投手
●（70年生まれ）京都・花園高→三菱自動車京都→93年ヤクルト（～03年）
●127試合　37勝27敗25S
●新人王

構成：飯尾哲司

下記の記事の一部を抜粋・改変して使用いたしました。
『サンケイスポーツ』2007年11月1日付「ノムラの考え」の一部
（P62～「成果は備えで8割決まる」の一部に使用）
『サンケイスポーツ』2013年7月10日付「ノムラの考え」の一部
（P123～「安心感も『無形の力』」の一部に使用）

〈著者略歴〉

野村克也（のむら・かつや）

1935年、京都府生まれ。峰山高校を卒業後、54年にテスト生として南海ホークスに入団。65年に戦後初の三冠王に輝くなど、球界を代表する捕手として活躍。70年より選手兼監督に。ロッテ、西武と移り、80年のシーズンを最後に引退。通算657本塁打は歴代2位。

90年よりヤクルト監督。弱小球団を３度の日本一に導いた。阪神監督、社会人野球・シダックス監督、楽天監督を歴任。選手を立ち直らせ、育て上げる手腕は「野村再生工場」と呼ばれた。

著書に『野村ノート』（小学館）、『野村克也 野球論集成』（徳間書店）などがある。

装丁：印牧真和

装丁写真：黒瀬康之

リーダーとして覚えておいてほしいこと

2020年2月20日　第１版第１刷発行

2020年3月24日　第１版第３刷発行

著　者　野村克也

発行者　後藤淳一

発行所　株式会社ＰＨＰ研究所

東京本部　〒135-8137　江東区豊洲5-6-52

第四制作部　☎03-3520-9614（編集）

普及部　☎03-3520-9630（販売）

京都本部　〒601-8411　京都市南区西九条北ノ内町11

PHP INTERFACE　https://www.php.co.jp/

組　版　アイムデザイン株式会社

印刷所　製本所　図書印刷株式会社

ISBN978-4-569-84652-1